상처의 쓸모

상처의 쓸모

1판 1쇄 발행　2025년 11월 28일

지은이　　　유수경

펴낸곳　　　책과이음
대표전화　　0505-099-0411
팩스　　　　0505-099-0826
이메일　　　bookconnector@naver.com
출판등록　　2018년 1월 11일 제395-2018-000010호

페이스북　　/bookconnector
블로그　　　/bookconnector
유튜브　　　@bookconnector
인스타그램　@book_connector

ⓒ 유수경, 2025

책값은 뒤표지에 있습니다.
잘못 만들어진 책은 구입하신 서점에서 교환해드립니다.

ISBN 979-11-90365-87-1 03810

책과이음 : 책과 사람을 잇습니다!

상처의 쓸모

쓸모

가정 폭력 트라우마를 넘어
회복과 치유의 여정으로

유수경 지음

책과이음

프롤로그

나를 닮은 아픔에게

수원 변두리의 기찻길이 있던 동네에 살았다. 기차라 부르기에도 멋쩍은 장난감 같은 작고 아담한 기차가 하루에 서너 번 동네를 지나갔는데, 고작 두 칸뿐인 주제에 소리는 요란했다. 동요에 나오는 '기찻길 옆 오막살이'처럼 그 기찻길 옆에 지어진 허름한 집에서 우리 가족이 살았다. 다른 집 대문의 절반 크기만 한 작은 문으로 드나들 때마다 나는 어깨와 마음을 웅크리며 주변을 살폈다. 얇은 철판으로 된 초록색 문은 군데군데 녹이 슬어서 손가락으로 힘주어 누르면 곧장 구멍이 뚫릴 것만 같았다. 비바람을 막아주고 누운 자리를 덮어주던 석면 슬레이트 지붕 아래, 어느 방향으로든 창문 하나 나 있지 않은 두 개의 방은 언제나 어두침침하고 습했다. 작은방은 방으로 사용할 수 없을 정도로 사계절 내내 축축했기에 창고로 쓰고, 기다란 직사각형 방에서 온 식구가 크레파스처럼 나란히 누워 잤다.

 몇 년 전 우연히 아이와 함께 부근을 지나가다 내가 살던 집이 흔적도 없이 사라졌다는 걸 알게 되었다. 기억 속 집은 무성한 초록들이 뒤덮은 텃밭으로 변해 있었다. 대문 같지도 않던, 나와 엄마를 지켜주지 못한 얇고 녹슨 초록색 철문은 찾아볼 수 없었다. 집이 있던 자리에 고추, 상추, 배추 같은 이로운 작물이 푸릇하게 자라고 있었다. 좋은 기억 하나 없는 집이 사라진 건 잘된 일이라 생각하며 아이에게 말했다.

 "오래전 여기에 집이 있었어. 엄마가 초등학생 때까지 살았던 집인데……"

 그 순간 갑자기 식은땀이 나며 가슴이 죄어왔다. 주변이 진공 상태가 되는 듯했다. 이미 허물어져 존재하지도 않는 집이 아이와 나를 컴컴한 심연으로 끌고 들어갈 것만 같았다. 공포였다. 아이 손을 꽉 붙들고 빠른 걸음으로 그곳을 벗어났다. 생각지도 못한 신체 반응에 당황했다. 괜찮아진 줄 알았는데, 사라진 집처럼 기억도 지워졌다고 생각했는데, 과거는 여전히 내 곁에 머물러 있었던 걸까.

어린 시절, 자그마한 집에서 무수히 많은 것들이 부서지고 깨지는 걸 보며 자랐다. 유리로 된 잡동사니가 수시로 날아가 벽에 부딪히며 요란한 소리와 함께 산산조각 났고, 던져질 수 없는 문짝이나 가구는 움푹 파이고 이리저리 휘어졌다. 아버지가 엄마의 몸에 새기는 폭력의 흔적은 어린 마음에 지워지지 않는 상처로 남았다. 어느 곳보다 따뜻하고 안전해야 할 나의 집은 세상에서 가장 불안전한 곳이었다. 보호받지 못한 마음은 자라지 않았고, 겹겹이 쌓인 상처는 내가 결혼한 뒤에야 슬금슬금 밖으로 모습을 드러냈다. 우울과 불안이 한순간에 삶을 덮쳤다. 먹고 자는 일이 어려워져서 정신과 치료를 받으며 오래전의 상처를 보듬어야 했다. 힘겨운 나날이었다. 보이지 않는 희망은 저만치 멀리 있었고, 눈앞의 하루는 너무나 버겁게만 느껴졌다.

조금씩 상태가 호전되면서 복용 중이던 약을 중단했다. 엄마 되기를 두려워하던 퍼석한 마음 틈새로 작은 용기가 비집고 나와 아이를 낳고 싶어졌다. 그렇게 마음먹고 얼마 지나지 않았을 때 아이가 찾아왔고, 뱃속의 작은 점을 확인한 순간, 이전에는 한 번도 경험해보지 못한 삶에 대한 강한 애착을 느꼈다. 좋은 부모가 되어 잘 살아보고 싶었다. 무엇보다 아이를 과거의 나처럼 키우고 싶지 않은 마음이 크게 자리 잡았다. 아이를 건강하게 키우기 위해서는 먼저 나 자신의 상처부터 해결해야 했다. 정신과 치료를 받으며 분명히 얼마간 좋아졌지만, 오랫동안 방치해둔 상처가 짧은 시간에 완전히 아물 수는 없는 법이었다.

그러나 좋은 엄마가 되어 잘 살고 싶다는 내 의지와 달리 삶 곳곳에 불안의 트라우마가 손을 뻗어 정상적인 생활을 방해했다. 어느 때는 아기의 울음소리를 견딜 수가 없었다. 아기의 울음소리는 울고 있는 어린 나를 방바닥에 내던진 아버지의 모습을 떠올리게 했다. 남편이 내 아버지와는 다른 종류의 사람인 걸 알면서도 아기에게 화를 낼 것만 같아서 안절부절못했다. 잠든 아이를 바라보며 충만함이 차오르다가도 불현듯 두려움이 엄습했다. 평온한 일상이 내 것이 아닌 것 같아서, 누군가 이 행복을 빼앗아 갈 것만 같아서.

***

 과거에 붙들려 좀처럼 앞으로 나아가지 못하던 나는 글을 쓰기 시작하며 조금씩 돌파구를 찾았다. 아팠던 기억을 꺼내어 적는 건, 힘겹게 통과한 시간을 되감아 다시 그곳으로 돌아가는 일이었다. 어떤 시간은 여전히 아프고 무서워서, 어떤 시간은 화가 나서 울었다. 초고를 쓰며 주체할 수 없는 감정이 올라와서 쓰다 멈추는 일이 잦았다. 퇴고할 때는 쓴 글을 읽다가 종이를 갈기갈기 찢으며 악을 쓰기도 했다. 쓰면서 울고, 읽으면서 또 울었다. 반복하며 글을 고치는 괴로운 과정이 이어졌다. 썼던 글이 꿈으로 재현되며 수시로 잠을 깨웠고, 과호흡으로 손발이 저리기도 했다.

 분명한 것은, 그러는 사이 내가 달라지고 있다는 사실이었다. 살아 움직이던 기억 속 장면은 점차 흐릿해졌고, 단지 회상하는 것만으로도 시큰거리고 저릿했던 몸은 어느 순간 반응하지 않았다. 아이처럼 엉엉 울던 내가 더는 울지 않고 과거의 나를 오롯이 마주하고 있었다. 내 이야기를 쓰고 읽는 동안 피 묻은 잠옷을 입은 어린아이가, 교복을 입고 울고 있는 작고 여린 소녀가 나를 떠나 저만치 걸어가고 있다는 게 느껴졌다.

 오래된 기억을 종이에 쏟아내며 비로소 그때의 나를 보내줄 수 있었다. 잊고 싶어도 잊을 수 없는 일들이라서 잊으려 하면 안 되었다. 내가 나를 안아주는 수밖에 없었다. 이제 괜찮다고, 잘 가라고 인사해주어야 했다. 어린 시절의 내가 떠나며 마음을 비울 수 있었다. 그 자리에 나를 살게 했던 사랑과 내일을 살아가게 할 용서와 감사가 자리 잡았다. 과거의 상처를 온전히 마주하며 상처가 상처로만 남지 않도록, 현재와 미래 삶의 거름으로 쓸모 있게 써야겠다는 각오와 다짐이 그 자리를 대신했다.

 오직 바랄 뿐이다. 내 이야기가 나를 닮은 누군가에게 한 줌의 위로와 희망이 되기를. 삶을 버텨낼 작은 의지가 되어주기를. 지난날 내가 그렇게도 간절히 바랐듯이.

차 례

004 **프롤로그** 나를 닮은 아픔에게

1부 아물지 않는 상훈

014 그날 나는 다시 태어났다
021 기찻길이 있던 동네
028 도망치고 싶던 날들
033 처참히 깨어진 것들
039 네 자매
048 지워지지 않는 상처
053 영화 속 한 장면 같은
059 차라리 세상이 끝나길
068 할머니도 여자잖아요
077 가혹한 슬픔의 밤
084 들어주지 않는 기도

2부 살고 싶던 나날

092 아기가 된 폭군
096 수능 보던 날
103 나를 닮은 사람들
110 사진 속 숨겨진 장면

115	분노 뒤에 가려진 두려움
124	사라진 하루의 기억
131	곁을 지키는 일
136	사랑받고 싶어서
143	작은 용기의 근원
147	다시는 만나지 말아요

3부   나를 위한 사랑과 용서

154	자라지 못한 부모의 마음을 키우는 아이
162	오백만 원에 담긴 사랑
168	엄마, 내 딸로 태어나줘
180	내 곁을 지켜준 유일한 어른
187	함께 있는 것만으로도
199	마지막 선물
207	그토록 듣고 싶었던 말
215	찾을 수 없는 기억
219	오늘이 우리의 마지막 순간
226	안녕히 보내주기

233   **에필로그** 운디드 힐러

1부
아물지 않는 상흔

그날 나는 다시 태어났다

 선풍기를 강풍으로 해놓고 그 아래 누웠다. 속옷 차림이었다. 그렇게 잠들면 저체온증으로 죽을 수 있으니 주의하라는 뉴스 속 앵커의 경고를 들은 뒤였다. 그러나 다음 날 아침 어김없이 눈을 뜨며, 저체온증으로 죽는 사고는 흔히 발생하는 일이 아니란 걸 알게 되었다. 어리숙한 중학생이었던 나는 주섬주섬 옷을 꿰어 입으며 머릿속으로 다른 방법을 찾아야 했다.

 빈혈이 심해 수개월 동안 병원에서 약을 처방받아 먹었는데, 어느 순간부터 그것들을 먹지 않고 몰래 모아두었다. 어떤 약이든 과다 복용하면 죽을 수 있다는 이야기를 누군가에게 주워들었기 때문이다. 아버지의 난동이 한바탕 끝난 뒤 적막함이 집 안을 감싸던 날, 모아둔 알약을 꺼냈다. 손안에 수북이 담긴 약을 한 알씩 삼켰다. 다음 날 싸늘한 시체가 된 딸을 붙잡고 통곡하는 아버지의 모습을 상상하며. 많은 약을 삼키느라 마셨던 더 많은 물 때문에 화장실을 몇 번 들락거리다 잠들었다. 얼마 지나지 않아 잠에서 깨어났다. 요의가 느껴졌고 속이 메스꺼웠다. 변기를 붙잡고 구토하면서 생각했다.

'빈혈약 따위로는 죽을 수 없구나.'

어떤 밤에는 덮고 있던 이불을 얼굴에 둘둘 말아서 코와 입을 막아버렸다. 숨이 막히길 바라고 한 행동인데 막상 숨쉬기가 곤란해지자 1분도 안 되어 필사적으로 이불을 풀어 헤치며 숨을 몰아쉬어야 했다. 내가 이렇게 나약한 인간이구나. 운명에 대한 원망인지 저주인지 모를 울음을 토해내며 나는 나를 책망했다.

나이를 좀 더 먹으면서 고통 없이 죽기란 여간해서는 어려운 일임을 깨달았다. 그래서 선택한 방법은 목을 매다는 거였다. 아파트에서 뛰어내릴 자신은 없었지만, 목은 매달 수 있을 것 같았다. 포장용 나일론 끈과 의자를 들고 베란다로 나갔다. 의자를 밟고 올라가 빨래 건조대에 끈을 칭칭 감아 여러 번 묶었다. 끈으로 만들어진 구멍에 머리를 집어넣은 뒤, 밟고 있던 의자를 발로 차 쓰러뜨렸다. 발이 의자에서 떨어지는 순간, 생전 경험해보지 못한 고통이 시작됐다. 나는 몇 초 버티지도 못하고 끈과 목 사이에 손을 욱여넣었다. 살겠다고 발버둥 치며 바닥으로 몸을 떨어뜨렸다. 차디찬 베란다 바닥에 주저앉아 컥컥 기침을 해댔다. 기침은 쉽게 멈추지 않았다. 눈물, 콧물, 침으로 범벅된 내 모습이 한심하고 궁상맞아서 화가 났다. 죽지도 못하는 겁쟁이라며 나를 비난했다.

가정에서 직접적인 학대를 당한 청소년보다 부부간 폭력을 목격하며 자란 청소년들이 자살 생각을 더 많이 한다는 연구 결과를 본 적 있다. 나도 십 대에 접어들면서부터 막연히 머릿속으로 죽음을 품게 되었다. 술주정뱅이에 난폭한 아버지, 자신의 상처를 대물림하는지도 모르고 경계 없이 딸에게 기대는 엄마, 지긋지긋한 가난……. 나를 둘러싼 우울한 풍경은 세월이 흐른다고 나아질 것 같지 않았다. 죽어야 비로소 끝날 것 같았다. 거기에는 아버지를 향한 분노와 힘들어하는 엄마를 돕지 못했다는 죄책감이 나누어 담겨 있었다.

'나의 죽음은 아버지에게 큰 고통을 안겨줄 수 있을 거야. 내가 죽으면 아버지가 뉘우치고 더는 엄마를 때리지 않겠지.'

끊임없이 죽음을 생각했다. 오직 그것만이 탈출구라고 여겨졌다. 비참한 현실을 탓할 의지도, 무언가를 바꾸어보겠다는 용기도 남아 있지 않았다. 그런데 고3이 되어 수능을 앞두고 있을 때 갑자기 아버지가 쓰러지며, 약이 닳아버린 시계처럼 폭력의 시간이 하루아침에 멈추었다. 더는 내가 죽어야 할 이유가 없었다. 마음 편히 살아가면 되었다. 이제야말로 잘 살 줄 알았다.

* * *

그로부터 어느덧 십수 년이 흐른 어느 해 2월, 진눈깨비가 흩날리던 밤이었다. 힘겹게 들어 올린 눈꺼풀 사이로 옅은 전등 빛이 흘러 들어왔다. 긴 시간 어둠에 갇혀 있던 터라 어둑한 병실도 눈이 부셨다. 눈이 빛에 익숙해지자 흐릿한

두 개의 형체가 점점 또렷해졌다. 이내 시야에 엄마와 남편의 모습이 들어왔다. 엄마는 링거 바늘이 꽂혀 있는 내 손을 양손으로 감싸고 있었다. 의식을 차린 지 얼마 되지 않아서였는지 감각이 날카롭게 곤두섰다. 메마르고 거친 엄마의 살결이 고스란히 느껴졌다. 오랫동안 마주했던 익숙한 아픔, 죄책감, 아리던 슬픔이 온몸에 퍼져갔다.

'엄마 손이 이렇게 된 건 나 때문이지. 나를 키우느라. 삶을 견디느라.'

엄마와 눈이 마주쳤다. 눈물을 삼키려고 애쓰는 통에 미안하다는 말이 제대로 나오지 않았다. 어렵게 입술을 떼는데 엄마가 먼저 말을 꺼냈다. 흔들리는 엄마의 목소리는 울음을 가득 머금고 있었다.

"네가 이러면 엄마가 어떻게 살아. 너 때문에 내가 살았는데."

자살 시도가 실패하고 하루 만에 깨어난 나에게 엄마가 가장 먼저 한 말은 어린 시절부터 숱하게 들어왔던 레퍼토리였다. 아비 없는 자식으로 키울 수 없어서 이혼하지 못했다, 자식까지 속 썩이면 못 산다, 자식만 보고 산다, 보란 듯이 너희가 잘 커야 한다. 내 존재에 대해 죄책감을 느끼게 하던, 나를 옥죄던 말을 다시 듣게 되자 온몸이 날 선 반응을 보였다. 아버지에게 맞고 사는 엄마의 삶을 동정하면서도 사랑받고 싶었던 욕구, 지친 엄마에게 버림받을까 봐 두려웠던 마음, 착한 아이가 되어야 한다는 강박에 짓눌렸던 고통이 한꺼번에 밀려왔다. 반항 한 번 없이 자랐던 나는 처음으로 엄마를 향해 악다구니를 썼다.

"제발 그 말 좀 그만해! 제발!"

엄마 뒤에서 초라하게 서 있던 남편에게도 원망의 말을 쏟아냈다.

"왜 나를 살렸어? 왜? 그냥 죽게 놔두지!"

비명을 지르고 발버둥 치며 온몸으로 괴로움을 내뱉었다. 간호사가 달려왔다. 광분한 나를 진정시킬 방법은 약물밖에 없었다. 링거 줄을 통해 몸에 주사약이 들어왔고, 이윽고 나는 다시 잠이 들었다. 깨어났을 때 엄마는 이미 병실에 없었다. 그 후로 수개월 정도 엄마와 연락하지 않았다. 엄마와의 일시적 단절은 의사가 내린 처방이었다. 의사는 엄마가 내 치료에 전혀 도움이 되지 않는다고 판단했다.

병실 침대에 누워 아무것도 하지 못하고 누워만 있었

다. 의지도 없었거니와 몸이 축나서 혼자 움직이는 것도 어려웠다. 깨어 있을 나를 예상하지 못했기 때문에 앞으로 뭘 어떻게 해야 할지 막막하기만 했다. 깨어 있고 싶지 않았다. 비워진 머리에 또다시 생각의 그물이 얼기설기 얽히는 게 싫었다. 팔에 링거 줄을 꽂은 채 울다 잠들고 다시 깨면 우는 것만 반복했다.

그러다 문득 울음 끝에 이상한 홀가분함을 느끼기도 했다. 그토록 죽고 싶어 하더니 결국 내가 죽어봤구나. 그래, 어제까지의 나는 죽은 거야. 지금의 나는 다른 사람인 거야. 위세척을 하며 속을 비워낸 것처럼 지난 시간도 모두 씻어낸 듯한 개운한 기분을 어렴풋하게 느꼈다. 나중에야 알게 된 일이지만, 그날 나는 병원에서 다시 태어났다.

기찻길이 있던 동네

기찻길 주변은 언제나 아이들로 붐볐다. 아이들은 철로 위에 서서 양팔 벌려 균형을 잡고 누가 더 오래 걸어가나 시합을 했다. 누군가의 발이 철로 밑으로 떨어지면 다른 아이들이 일제히 달려들어 간지럼을 태우거나 때리는 시늉을 하며 놀았다. 누군가는 철로 위에 빨간 기와 조각을 올려놓기도 했다. 그러면 기차가 지나간 뒤 기와는 빨간 가루로 변하고, 그걸 모아다 소꿉놀이할 때 고춧가루로 썼다. 기찻길 옆으로는 토끼풀이 지천으로 피어 있었다. 아이들은 하얀 토끼풀꽃으로 반지와 팔찌를 만들어 서로의 손에 끼워주었다. 어쩌다 네잎클로버를 찾으면 네잎클로버 하나를 놓고 여러 명이 함께 소원을 빌기도 했다. 그러다 멀리서 기차 소리가 희미하게 들려올 때면 신나게 놀던 걸 멈추고 철로와 자동차도로가 만나는 교차로로 달려갔다. 이내 빨간 불이 번쩍이며 요란한 경고음과 함께 보행 정지 차단기가 내려왔다. 아이들은 고개를 늘어뜨려 저 멀리서 작은 점으로 달려오는 기차를 바라보며 외쳤다.

"꼬마 기차다."

점은 점점 커지면서 기차의 모습으로 변해 경적을 울리며 다가왔다. 기차는 대개 기차답지 않게 고작 두 량뿐이었다. 속도도 내지 못하는 협궤 열차여서 기차 안이 훤히 들여다보였다. 아이들은 기차를 타고 있는 사람들에게 신나게 손을 흔들었고, 기차 안 사람들도 아이들을 향해 손을 흔들어주었다. 그럴 때면 으레 나는 멀찍이 떨어져서 아이들이 하는 양을 가만히 지켜보며 양손으로 귀를 막았다. 시끄러운 경적 때문에 귀가 아프기도 했지만, 실은 나도 기차 안에서 손을 흔들고 싶은데 그럴 수 없는 상황에 괜히 심통이 났다. 다시 점이 되어 사라져가는 기차 꽁무니를 보며 기차가 당도할 또 다른 동네에 대해 생각했다.

'저 기차는 인천으로 간다고 했어. 인천에는 바다가 있고. 저기 탄 사람들은 모두 바다로 놀러 가는 거겠지. 나는 언제쯤 바다에 가볼 수 있을까.'

* * *

수원과 인천을 오가던, 어린 시절에 살던 동네를 가로지르던 수인선 열차는 내가 중학교 1학년이던 해의 12월 31일을 마지막으로 운행을 멈췄다. 뉴스에서 58년간 운행하던 수인선 열차가 역사 속으로 사라진다며 대대적인 방송을 했다. 텔레비전 속에 비친 사람들은 눈물을 보이거나 아쉬워했지만, 동네 사람들은 그 소식을 대수롭지 않게 여겼다. 그도 그럴 것이 우리 동네는 수인선 무정차 구간이었다. 시끄럽기만 하고 아무짝에도 쓸모없던 수인선 노선 폐쇄는 동네 사람들의 삶에 어떠한 영향도 미치지 않았다. 그럼에도 수인선 열차가 사라지기 전에 한 번은 타봐야 한다며 수원역으로 향하는 사람들이 꽤 있었다.

  열차를 타고 온 사람들은 저마다의 감상을 늘어놓았다. 두 량짜리 기차 안에서 바라보는 동네는 익숙하면서도 낯

설더라, 크게 덜컹거릴 때마다 앞사람과 무릎이 닿더라, 열차의 흔들림이 심해 내리자마자 구토가 나오더라. 힘들었던 이야기뿐이었지만 다들 약속이라도 한 듯 웃고 있었다. 엄마를 쳐다봤다. 엄마는 사람들이 늘어놓는 이야기에는 관심 없는 듯 부업으로 받아 온 옷 수선 일에만 열중했다. 혹시라도 엄마가 나한테 수경이 너도 기차 타보고 싶냐고 묻지 않을까 기대했지만 그런 일은 일어나지 않았다. 어린 시절의 나는 무얼 하고 싶다, 먹고 싶다, 갖고 싶다고 말하지 않는 아이여서 아무 말 없이 그저 속으로만 '나도 꼬마 기차 타고 싶어'라고 이야기할 뿐이었다.

역사 속으로 사라질 수인선 열차의 마지막 운행일이 다가올 무렵, 미술학원 수업을 마치고 온 동생이 호들갑스럽게 나를 불러댔다.

"언니, 언니. 미술학원에서 견학으로 꼬마 기차 타러 갈 거래."

"정말? 언제?"

"주말에. 엄마가 신청서 냈어."

"회비가 얼만데?"

"돈? 나 돈 잘 몰라. 근데 선생님이 언니 데리고 와도 된

댔어."

언니를 데리고 와도 된다는 말이 돈을 내고 오라는 말인지, 돈을 내지 않고 와도 된다는 말인지 알 수 없었다. 종일 마음이 들떴다가 가라앉기를 반복했다. 저녁을 먹고 나서 엄마 눈치를 살폈다. 큰맘 먹고 꼬마 기차 이야기를 꺼내려던 찰나, 동생이 먼저 입을 열었다.

"엄마, 언니도 꼬마 기차 타러 가는 거지?"

귀찮게만 여겨지던 동생이 처음으로 기특해 보이는 순간이었다.

"아니. 선생님한테 언니는 못 간다고 했어."

한껏 달아오른 기대감이 순식간에 무너지며 얼굴이 화끈거렸다.

'왜 나는 못 간다는 거지? 갈 수 있는데. 가고 싶은데. 왜 엄마 마음대로 결정한 거야.'

내 마음속 말을 듣기라도 한 것인지 곧장 엄마의 말이 이어졌다.

"돈 내지 말고 그냥 오라는데 어떻게 그래. 사람이 염치가 있어야지. 네 학원비도 다른 애들보다 덜 받잖아."

서운함이 순식간에 사그라들었다. 바로 마음을 접었다.

나도 수긍할 만한 이유였다.

　주말 아침, 가방에 간식을 싸고 귀밑에 멀미약을 붙이는 동생을 보며 뜨거워지는 눈가를 문질렀다. 신이 난 동생은 나에게 시간 맞춰 기찻길로 나오라고, 기차를 탄 자기와 손 흔들며 인사하자고 연신 당부했다. 그럴 리 없다는 걸 알면서도 생글거리며 웃고 있는 동생이 나를 놀리는 것만 같았다. 엄마도 동생도 야속하기만 했다. 나는 동생 말을 어기고 일부러 오후 늦게야 기찻길로 갔다. 지는 해를 등지고 혼자 철로 위를 걸었다. 그날따라 균형 잡기가 힘들어서 벌린 양팔이 더욱 흔들거렸다.

* * *

수인선 열차가 멈추어 선 다음 해에 우리 가족은 기찻길 건너편의 새 아파트에 입주했다. 세월이 흘러 새 역 공사가 한창일 때, 엄마는 역 앞에 있는 아파트를 사라고 내게 권유했지만, 나는 잠깐의 고민도 없이 단번에 싫다고 말했다. 지긋지긋한 동네라며 이맛살을 찌푸렸다. 고단했던 어린 시절, 추억으로 그려질 법한 기찻길 장면이 있지만, 그

마저도 쓸쓸했던 시간과 겹쳐 있기 때문이다.

부모님이 싸웠던 흔적이 널브러져 있는 집, 언제 다시 화낼지 모르는 아버지, 늘 인상을 쓰고 있던 엄마를 피해서 갈 수 있는 곳은 기찻길뿐이었다. 잔뜩 주눅 든 채로 집을 나와서 서른 걸음 정도 걸으면 기찻길이 모습을 드러냈다. 기찻길에 쪼그려 앉아 언제 기차가 오나 철로 위에 귀를 바짝 대보고, 철로 바닥에 깔린 나무판자 위를 걸으며 한없이 숫자를 세었다. 무성한 토끼풀 사이에서 네잎클로버를 찾으려고 혼자 한숨짓기도 했다.

기찻길은 어린 시절의 나를 다소간 위로해주었지만, 결국 타보지 못한 꼬마 기차처럼 이룰 수 없는 선망으로 나를 좌절케도 한 곳이었다. 철로 위에 위태롭게 선 나는 가난과 우울이 깃든 그 동네에서 벗어나 한시라도 빨리 미지의 어딘가로 떠나고만 싶었다.

도망치고 싶던 날들

매서웠던 겨울밤. 엄마는 신생아였던 나를 포대기에 업고 밤거리를 서성였다. 혹여나 찬바람이 아기 코에 들까 싶어 이불을 폭 뒤집어씌운 채였다. 급하게 신고 나온 고무 슬리퍼 안에서 엄마의 맨발은 꽁꽁 얼어붙었지만, 추운지도 모르고 내가 잠들기만을 바라며 동네를 조용히 걸었다.

걷다 걷다 새벽의 어디쯤 왔을까. 조용히 집으로 돌아가 잠든 나를 눕힐라치면 나는 이내 귀신같이 깨어나 칭얼거렸다. 집에서 자고 있던 아버지는 그 소리에 버럭 화를 냈다. 어떤 날은 시끄럽다고 갓난아기인 나를 방바닥에 내

던지기도 했다. 고작 아기가 운다는 이유만으로. 아빠가 화를 내면 엄마는 다시 깊은 어둠으로 나가 거리를 걸을 수밖에 없었다. 시린 어둠의 적막이 엄마 인생 같아서 앞이 까마득했다. 엄마는 콧잔등을 훔치며 등에 업힌 딸을 향해 혼잣말처럼 중얼거렸다.

"내가 널 지킬 수 있을까."

* * *

아버지가 술에 만취해 난동을 부린 어느 날. 몸을 피해야 겠다고 생각한 엄마는 두 살배기인 나를 업고 도망쳐 나가다 아버지한테 한쪽 손목을 붙잡혔다. 힘을 주어 저항했지만 엄마의 손목은 아버지의 억센 손아귀에서 쉽사리 빠져나오지 않았다. 아버지와 실랑이하던 엄마는 바닥에 널브러져 있던 빗자루를 집어 들고 냅다 아버지를 향해 내리쳤다. 술 취한 아버지는 빗자루를 막으려 무의식중에 손을 놓았고, 엄마는 손목이 풀리자마자 무작정 앞만 보고 내달렸다. 한밤중에 갓난쟁이를 데리고 어디에 숨어야 할지 막막해하고 있을 때 현자 아줌마네 집이 눈에 들어왔다. 엄마는 문을 두드리며 다급한 목소리로 도움을 청했다.

"현자 엄마, 현자 엄마, 문 좀 열어줘."

놀란 눈을 비비고 나온 현자 아줌마는 엄마와 나를 보고는 얼른 다락방에 숨겨주었다.

얼마 지나지 않아 현자 아줌마네 집 대문 두드리는 소리가 들렸다. 이 집 저 집 엄마를 찾으러 다니던 아버지가 현자 아줌마네 집에까지 온 것이었다. 다락방에 숨어 있던 엄마는 행여 갓난아기인 내가 울기라도 할까 봐 가슴을 졸였다. 잠든 나를 꽉 움켜 안고 숨을 죽이며 제발 깨지 말아달라고 기도했다. 만약 내가 깨서 큰 소리로 울게 되면 어떤 사달이 일어날지 아찔했다. 엄마의 간절한 바람 덕분에 다행히 나는 깨어나지 않았고, 잠시 뒤 우리는 아버지에게 들키지 않고 무사히 다락방에서 내려올 수 있었다. 엄마는 그제야 한시름 놓으며 현자 아줌마를 바라봤다. 그런데 현자 아줌마의 얼굴이 뭔가를 잘못 본 사람처럼 새파랗게 질려 있었다.

"저……, 수경 아빠 손에 부엌칼이 들려 있었어."

아버지는 그날 시퍼런 부엌칼을 한 손에 들고 밤새 엄마를 찾아 동네를 헤매고 다닌 것이다.

그날 일 때문이었을까. 엄마는 아버지가 술을 마시고 들어올 때면 집 안에서 문을 걸어 잠그기 시작했다. 그리고 절대 집 밖으로 나가지 않았다. 물론 나와 동생도 예외가 아니었다. 어린 우리는 싸움이 얼마나 심하든 상관없이 거기 가만히 서서 집에서 일어나는 모든 상황을 목격해야 했다. 고개를 돌려도 눈앞의 장면이 생생히 재생되었고, 아무리 단단히 틀어막아도 고함이 귀를 날카롭게 찔러댔다. 잠긴 문을 열고 맨발로 뛰쳐나가 옆집 초인종을 눌러보기도 했지만 엄마가 이내 뒤따라 나와 내 손목을 잡아끌며 다시 집으로 데리고 들어갔다. 다음 날, 문의 잠금 고리는 내 손이 닿지 않는 높은 곳으로 옮겨졌다. 몇 번의 무용한 시도 뒤에 나도 더는 밖으로 도망칠 생각을 하지 않았다.

30년도 지난 지금, 마치 어제의 일처럼 기억되는 날들……. 엄마는 그때 공포에 떠는 우리보다 현자 아줌마가 더 걱정되었던 걸까. 만약 아버지가 난동을 부릴 때마다 밖으로 도망칠 수 있었다면 어땠을까. 언제나처럼, 이제와 소용없는 후회일 뿐이지만, 대문을 걸어 잠그고 일어나는 가정 내 폭력 현장은, 마땅히 보호받아야 할 집이라는 공간에서조차 내가 보호받을 수 없다는 암울한 확신을 키우는 데 일조했다.

    도망치고 싶었다. 지옥 같은 집에서 뛰쳐나가 어디로든 달려가고 싶었다. 그러나 엄마가 걸어 잠근 문은 굳게 닫힌 채 열리지 않았다.

처참히 깨어진 것들

기억할 수 있는 까마득한 오래전부터 아버지의 주먹질과 발길질에 깨어진 것들을 보며 그 안에서 자랐다. 형태를 잃고 부서진 것들은 다음 날이면 쓰레기통에 버려졌다. 무수히 많이 깨진 유리와 전화기, 어항, 한쪽 다리를 잃은 밥상……. 움푹 파인 장롱은 버릴 수 없어서 그날의 공포를 강제적으로 되새기며 함께 지내는 신세가 되었다.

우리 집 물건 중에서 단 한 번도 유일하게 깨지지 않은 건 아버지가 아끼던 전축이었다. 가난한 우리 집에 4단짜리 고급 전축이 있었다. 인텔 전축은 이제부터 술을 끊기로 약속하고 산 아버지의 애장품으로 자그마치 백만 원이 넘는 금액이었다. 엄마는 아버지가 술만 끊을 수 있다면 백만 원은 돈도 아니라고 생각했다. 아버지는 타고나길 한량이었는지, 놀고 마시고 노래 부르기를 좋아했다. 기분이 울적하면 차에 낚싯대를 챙겨 훌쩍 떠나기도 하는, 혼자 태평하게 사는 그런 사람. 음악을 좋아하던 아버지는 턴테이블 위에서 돌아가는 나훈아와 현철의 레코드판을 바라보며 마치 그들이 된 것처럼 우수에 젖어 노래를 불렀다. 그러다 보면 이내 음악에 취해 술 생각이 간절해졌다. 한껏 고조된 감정에 술 한 잔 들어가면 더할 나위 없이 완벽할 것 같았다. 딱 한 잔은 두 잔, 석 잔이 되었고, 엄마와의 약속 따위는 지켜지지 못했다.

아버지는 온갖 물건은 다 부수어도 전축만큼은 절대 손대지 않았다. 반들거리는 검은색 전축과 레코드판을 엄마와 나보다 더 귀하게 여겼다. 나는 우리 집에서 유일하게 멀쩡한 모습으로 살아가는 전축이 꼴 보기 싫었다.

시간이 지나 내가 중학교 2학년 때 새 아파트로 이사 가며 아버지의 전축은 고물상에 버려졌다. 세월의 흔적이 덧씌워져 낡긴 했지만, 상처 하나 없이 아버지에게 사랑받았던 전축이 괜스레 못마땅했다. 전축을 고물상으로 보내기 위해 한쪽 구석에 빼놓은 날, 일부러 전축을 발로 걷어찼다. 그게 내가 할 수 있는 최대의 반항이었다.

* * *

내게도 음악을 들을 수 있는 카세트가 하나 있었다. 아버지의 전축에 비할 수도 없을 만큼 초라한 2구짜리 은색 카세트. 그걸로 영어 듣기 평가를 하거나 음악을 들으며 조용한 사춘기를 보냈다.

거실 바닥에 엎드려 카세트를 틀어놓고 영어 듣기 평가를 하던 어느 겨울밤이었다. 뜨끈한 바닥에 엎드려 영어를 듣고 있던 게 문제였을까. 왈칵 졸음이 쏟아졌다. 잠깐만 자고 나와야지 하고는 내 방으로 들어갔지만, 잠깐은 꽤 오랜 시간이 되었고, 잠결에 현관문 열리는 소리를 들었다. 이어서 들려온 아버지의 매서운 목소리에 몸을 벌떡 일으켰다.

"이게 뭐야! 집구석이 왜 이리 난장판이야!"

놀라서 방문을 열었을 때 아버지는 거실 한가운데 있는

카세트를 뚫어지게 쏘아보고 있었다. 신발도 벗지 않은 아버지는 잔뜩 화가 난 상태로 문 앞에 서 있었다. 나는 굳어진 발을 겨우 움직여 좁은 보폭으로 카세트를 향해 걸어갔다. 23평 아파트 거실이 너무나 넓게 느껴졌다. 그러나 내가 손을 뻗기도 전에 아버지는 카세트를 들고 베란다로 나갔다. 머리 위까지 솟구쳐 올라간 카세트가 베란다 바닥으로 내던져졌다. 욕설과 함께 부서진 카세트에 반복적인 발길질이 가해졌다. 아버지는 늘 그렇듯 밖에서 끌고 들어온 화를 카세트에 무참히 쏟아냈다. 내 몸이 밟히는 것처럼 온몸에 통증이 느껴졌다. 자리를 피할 수도, 말릴 수도 없었다. 언제나처럼 벌벌 떨기만 했다. 잘못했다고, 다시는 그러지 않겠다고 빌었다. 울지는 않았다. 우는 건 아버지의 화를 더 돋우는 일이니까.

화풀이를 끝낸 아버지는 욕실로 들어갔다. 나는 입술을 굳게 다물고 처참히 부서진 카세트를 바라보았다. 카세트가 품고 있던 테이프 두 개는 밖으로 튕겨 나와 있었다. 그중 하나는 가수 김성재의 노래 〈너의 생일〉이 녹음된 테이프였다. 필름을 길게 내뱉은 테이프가 부서진 카세트의 잔해와 뒤엉켜 있었다.

아버지 눈에 거슬리지 않도록 카세트와 테이프를 챙겨 방으로 들어갔다. 엉킨 필름을 조심스레 풀어 살살 감아봤지만 중간중간 접히거나 끊겨 있었다. 재생되지 않을 걸 알면서도 카세트에 넣어 재생 버튼을 눌렀다. 철커덕, 철커덕. 기계음만 처량 맞게 울렸다.

테이프는 첫사랑에게 받은 생일 선물이었다. 소년은 하얀색 공테이프에 김성재의 〈너의 생일〉을 반복 녹음해 선물이라며 수줍게 내밀었다. 검은색 볼펜으로 무심한 듯 '수경이에게'라고 적혀 있던 테이프가 내게는 소년 그 자체였다. 노래가 끝날 때마다 찰칵, 정지 버튼을 누르고 다시 처음부터 녹음하는 소년의 모습이 고스란히 담겨 있어서 눈을 감으면 바로 내 머릿속에서 그 장면이 재생되었다. 어디서도 살 수 없는, 세상에 하나뿐인 소중한 것. 그러나 나의 추억은, 나의 소년은, 그날 아버지 손에 무참히 깨지고 만 것이다. 벽에 기대어 앉아 부서진 카세트를 끌어안았다. 카세트 안에서 김성재의 목소리가, 소년의 마음이 구슬프게 흘러나오는 듯했다.

"오늘 네 모습은 더 예쁘게 보여/ 오늘은 너만의 날이야/ 항상 나를 위해 같이 기뻐하고 또 같이 슬퍼해주었던 너/ 아름다운 너의 그 모습 그대로 항상 머물러주기를 바래/ 이다음에 우리 어른이 되어도 우리의 꿈을 서로 간직하며/ 앞으로 열릴 수많은 날들에 너의 행복을 내가 기도할게~"

아득히 멀어지는 노래, 더는 듣지 못할 노래가 나를 떠나고 있었다.

그날 이후, 아버지로 인해 많은 것들이 깨지고 버려질 때마다 내 꿈과 희망도 함께 부서져갔고, 소년에 대한 마음도 조금씩 버리게 되었다. 나와 전혀 다른 환경에서 안정적으로 살고 있는 소년은 내가 품을 수 없는 미래였다. 소년 앞에서 내 삶은 더욱 초라해질 뿐이었다. 더는 재생되지 않던 노래처럼 우리의 이야기도 그렇게 멈추었다.

네 자매

엄마는 당신 인생에 자식이 넷이나, 그것도 딸만 있을 거라고는 예상하지 못했다. 첫째인 나를 낳았을 때만 해도 딸이라는 게 아쉽지 않았다. 둘째가 아들일 확률이 50퍼센트 있으니까. 마음만 먹으면 아들을 낳을 줄 알았다. 하지만 나를 키우며 둘째를 낳는 일에 대한 미련을 접었다. 내가 워낙 예민해서 키우기 힘들었던 탓도 있지만 아버지 때문이기도 했다.

자식이 생기면 정신 차릴 줄 알았던 아버지는 한결같이 정신을 차리지 않았다. 버는 족족 술 마시는 데 돈을 썼고,

아무에게나 돈을 빌려주고, 잔소리하는 엄마를 때렸다. 엄마는 나 하나 제대로 키울 수 있을지조차 장담할 수 없어지자 앞날이 걱정되었다. 이혼을 염두에 두고 둘째를 계획하지 않았다. 하지만 모든 계획은 틀어지기 마련, 갑자기 아이가 생겨버렸다.

둘째는 내가 여섯 살 때 집에서 태어났다. 나는 양철 대문 밖에서 엄마가 동생을 낳는 소리를 들으며 어슬렁거렸다. 동생은 쉽게 나오지 않았다. 출산을 돕던 동네 어르신들은 분주하게 움직였다. 곧 짧은 비명과 함께 동생이 태어났고 엄마는 기절했다. 탯줄을 목에 감고 태어난 동생과 의식을 잃은 엄마는 구급차에 실려 병원으로 갔다. 나는 엄마와 동생을 싣고 멀어져가는 구급차의 뒤꽁무니를 보며 소리 내지 못하고 울었다. 아버지는 곁에 없었다. 어디선가 술을 마시고 있을 것이었다.

* * *

자식이 둘이나 생겨버린 엄마는 이혼 생각을 접고 악착같이 살았다. 식당을 차리고 밤낮없이 일했다. 인근 공사장

인부들과 덤프트럭 기사들이 장기간 밥을 대놓고 먹으면서 식당은 꽤 잘되었다. 꿈에 그리던 엄마 명의의 아파트를 마련하며 생활은 조금씩 안정되어갔다. 변하지 않는 건 아버지밖에 없었다. 여전히 화를 자주 내고 술만 마시면 살림을 부수고 엄마를 때렸다.

그런 아버지를 보며 할머니는 말씀하셨다. 아무짝에 쓸모없는 딸년들만 낳아서 아버지가 마음잡지 못하는 거라고. 동네 어르신들도 거들었다. 남자들은 아들을 낳으면 정신 차린다고, 늦기 전에 하나 더 낳아보라고. 다들 중학생이었던 나를 앞에 두고도 아무렇지 않게 말했다.

나는 그런 말이 귀에 들리지 않는 듯 무심하게 있었지만, 내 존재가 모든 불행의 원흉처럼 느껴졌다. 내가 아들이었더라면 아버지가 정신을 차렸을까. 나랑 동생이 딸이라서 저렇게 술만 마시면 엄마를 때리는 걸까. 설마 엄마가 저 할머니들 말에 혹해서 동생을 하나 더 만드는 건 아니겠지.

생각에 생각이 덧붙어 거대해졌을 때, 설마가 사실이 되었다. 엄마는 셋째를 낳기로 결심하고 아들 낳기 프로젝트에 돌입했다. 아들만 연달아 낳은 누군가의 속옷을 구해

오고, 아들 낳는 한약을 지어 먹고, 처음으로 태교를 했다. 아버지 또한 엄마의 임신 기간 중 술을 자제했고 폭력도 휘두르지 않았다. 엄마의 얼굴은 보름달처럼 환했다. 내가 기억하는 한 엄마가 가장 오랫동안 밝음을 유지한 기간이었다.

그런 엄마와 달리 나는 점점 빛을 잃어갔다. 태어날 동생과의 나이 터울은 무려 14년이었다. 실수로 내가 낳았다고 해도 말이 될 만큼의 큰 나이 차였다. 나이 차이는 그렇다 치더라도 엄마 뱃속의 아이가 아들이라는 보장이 없었다. 부모님과 동네 사람들은 아들이라고 확신했지만, 나는 어딘지 모르게 딸일 것만 같은 불안을 떨칠 수 없었다.

언젠가 옷을 찾기 위해 부모님 장롱을 뒤지다가 007가방 같은 걸 발견했다. 묵직한 가죽 가방 안에는 수십 개의 태교 테이프가 가지런히 놓여 있었다. 중앙에는 책 한 권이 있었는데 정확한 제목은 기억나지 않지만, 아들 낳는 비법이 적힌 책이었다. 책에는 난자와 정자가 만나야 하는 시간을 비롯해 여중생에게는 다소 충격적인 체위 그림까지 담겨 있었다. 책을 한 장 한 장 넘길 때마다 눈물이 뚝뚝 떨어졌다.

'부모님께 아들은 이토록 간절한 것이었구나. 내가 아무리 착한 아이가 된다 한들 엄마 성에 차지 않겠구나.'

가슴이 욱신거렸다. 가슴 저 밑에서 불쾌함 같은, 말로 설명할 수 없는 어떤 감정도 올라왔다.

당시 성당에 열심히 다니고 있던 엄마는 일부러 병원에서 태아의 성별을 확인하지 않았다. 딸이라고 해서 낙태 수술을 할 수는 없었으니까. 그보다도 엄마는 뱃속의 태아가 아들일 거라는 확신에 차 있었다. 입덧의 빈도, 넓적하게 불러오는 배 모양, 먹고 싶은 음식, 태몽 등 모든 것이 셋째는 분명히 아들이라고 말하고 있었다.

그러나 출산 당일, 딸이 태어나자 부모님은 당황했다. 아기가 바뀐 건 아닌지 의심할 정도로 현실을 부정하려 들었다. 엄마는 불 꺼진 방에서 남몰래 울었고, 아버지는 또 술을 마시러 나갔다. 나는 무얼 했더라. 엄마를 따라 조금 울었고, 곧 평화가 깨질 우리 집을 상상하며 불안에 떨었던 것 같다.

그래도 좋았다. 셋째가 태어났을 때, 동생이 한 명 더 생겼다는 부담감은 있었지만, 오랜만에 보는 아기라서 신기하면서도 귀여웠다. 새까만 머리칼, 하얀 피부에 선명하고 빨간 입술은 백설 공주를 떠올리게 했다. 보는 것만으로도 절로 미소가 지어졌다. 내가 애쓰지 않아도, 그저 눈만 마주쳐도 웃어주는 아기의 얼굴은 비어 있는 내 가슴을 채워주기도 했다. 그러나 좋은 마음도 잠시. 바쁜 부모님 대신 동생을 돌봐야 하는 시간이 늘어나자, 마음에 짜증이 자주 일었다. 분유를 타서 먹이고, 기저귀를 갈고, 안아주고 놀아주는 시간이 귀찮았다.

'나랑 상의도 없이 낳아놓고 왜 나보고 동생을 돌보라 하는 거지? 나는 엄마가 아니라 언니인데.'

동생 돌보는 일이 부당하게만 느껴졌다.

* * *

셋째를 낳은 지 1년이 채 지나지 않았을 때 엄마는 다시 임신했다. 이번에도 주변의 부추김이 있었고, 셋이나 넷이나 마찬가지라는 마음으로, 설마 연거푸 또 딸을 낳겠나 하며 무모한 도전을 감행했다. 넷째 임신을 확인한 부모님은 이 사실을 극도의 비밀에 부쳤다. 셋째를 너무 소란스럽게 낳아서 복이 달아났다고 생각한 것이다. 엄마 배는 점점 불러왔고, 고등학생이었던 나는 엄마 뱃속에 또 동생이 들어 있다는 걸 눈치챌 수 있었다.

엄마에게 사실을 확인하던 날 밤, 아무도 없는 놀이터에 가서 입을 틀어막고 한참을 울었다. 나는 부모님이 징그러웠다. 사이가 좋은 것도 아닌데 자꾸 애를 낳아서 욕구만 충족하려는 게 이상하게 느껴졌다. 부모님이 한심했다. 흥부네 가족도 아니고, 먹고살기도 빠듯한 형편에 어쩌자고 애를 넷이나 낳는 건지. 무책임하고 원망스러웠다. 불안정한 가정의 첫째인 나에게 동생 셋은 너무 무겁고 버거운 현실이었다. 큰딸은 안중에도 없는 부모님에게 외치고 싶었다. 차라리 나를 버려달라고.

엄마는 셋째 때만큼 태교를 열심히 하지 않았다. 오히려 임신하지 않은 것처럼 행동했다. 유난 떨어봤자 소용없다는 걸 경험했으니 그럴 만도 했다. 아버지 역시 예전처럼 술을 자주 마셨고, 화가 나면 가족에게 함부로 대하며 본래 자신의 모습으로 돌아갔다. 넷째 성별을 알게 된 뒤부터였다. 셋째 때와 같은 병원에 다니던 엄마는 담당 의사의 꾹 다문 입과 난처한 표정을 통해 넷째도 딸이라는 걸 알 수 있었다.

막냇동생이 태어나던 날, 나는 야간 자율학습을 하고 있었다. 아버지가 삐삐에 남긴 짧은 음성 메시지를 통해 동생이 태어났다는 소식을 들었다. 예상대로 여자아이였다. 수화기 너머로 들려오는 아버지의 목소리는 짠할 정도로 무미건조했다. 아버지는 그날 집에 들어오지 않았다. 이번에도 어디선가 술을 마셨을 것이다. 정말 한결같은 나의 아버지.

동생들이 점점 짐처럼 여겨졌고, 내 삶을 한탄하느라 막냇동생의 출생을 축복하지 못했다. 그 마음은 곧 죄책감으로 돌아왔다. 얼마 지나지 않아 막냇동생이 아프게 태어났다는 걸 알게 되었다. 젖병을 빨면 코로 분유가 흘러나왔다. 입천장의 목젖과 가까운 연구개가 갈라진 구개열이었다. 두 돌이 되기 전에 수술받았지만, 막내는 잦은 중이염을 앓았고, 발음이 명료하지 않았다. 다행히 입술이 갈라진 구순구개열은 아니라서 외형상 아무런 문제는 없지만 그때만큼은 너무나 안타까웠다.

동생이 아프게 태어난 건 순전히 아버지 때문이라고 생각했다. 엄마는 넷째를 임신했을 때 큰일을 두 번이나 겪었다. 아버지가 던진 의자에 맞을 뻔했고, 욕실에서 쓰러져 일어나지 못한 날이 있었다. 두 번 모두 만취 상태인 아버지가 저지른 일이었다. 욕실에 쓰러진 엄마를 발견했을 때, 엄마 옆에는 세 살 난 셋째가 신난 듯 웃으며 손으로 변기 물을 첨벙대고 있었다. 무지한 순수함과 대비되는 비극 앞에서 나는 있는 힘껏 아버지를 저주했다.

뱃속에서부터 위협받은 막내를 안쓰럽고 가엾게 여기지 못했다. 부모에게 환영받지 못한 아기를 언니인 나라도 품어줘야 한다고 생각할 만큼 나는 여유롭지 못했다. 늦게 생긴 동생은 내 어깨를 더욱 무겁게 눌러대는 존재일 뿐이었다. 철없던 어떤 친구는 막냇동생이 실은 네가 사고 쳐서 난 아이 아니냐는 말을 농담이랍시고 했다. 동생 많아서 좋겠다는 외동 친구들의 말과 부모님 사이가 좋은 걸로 오해하는 사람들 앞에서 나는 달리 부정하지 않았다. 그저 웃음을 머금은 채 우리 집을, 나를 들키지 않기만을 간절히 바랄 뿐이었다.

지워지지 않는 상처

여덟 살의 여름밤, 나는 엄마가 새로 사준 원피스 잠옷을 입고 자고 있었다. 깨끗한 흰색 바탕에 파스텔톤 동그라미가 방울방울 그려진, 치마 끝단과 소매에 주름 장식이 달린 잠옷이었다. 그런데 어디선가 들려오는 익숙하지만 태연해지지 않는 소리에 주저 없이 잠에서 깨어났다. 역시나 아버지와 엄마가 다투는 소리였다. 아버지의 목소리는 그야말로 살기殺氣를 품고 있었다. 그 음성이 가지는 의미를 알고 있어서 어서 그 자리에서 도망치고 싶었다. 도망가려고 얼른 몸을 움직였지만, 나는 몇 발짝 가지 못하고 강제로 멈추어 서야만 했다. 무언가 머리를 향해 거칠게 날아왔고, 곧이어 따끔한 통증이 느껴졌다. 하얀 원피스 위에 붉은 무언가가 방울방울 번져갔다. 나는 내게 무슨 일이 일어난 것인지 몰라 엄마를 바라봤다. 나를 본 엄마의 얼굴은 원피스의 하얀색보다 더 하얗게 질려 있었다. 내 머리에서 피가 흐르고 있어서였다.

유리잔이었다. 술에 취한 아버지가 엄마를 향해 유리잔을 던졌는데, 빗나간 유리잔이 벽에 부딪혀 산산조각 났고, 그 파편 중 일부가 나에게 날아온 것이다. 파편은 대개 피부를 긁으며 지나갔지만, 그만 가장 큰 조각이 머리에 박히고 말았다. 공포에 짓눌려 아픔을 느끼지 못했다. 눈물조차 나지 않았다. 그저 무섭기만 했다. 지금 느껴지는 고통보다는, 저기서 여전히 거친 숨을 씩씩대고 있는 아버지가 몸서리치게 무서웠다.

엄마는 나를 업고 동네에서 가장 큰 병원으로 달려갔지만, 새벽이라 문이 닫혀 있었다. 급히 택시를 잡아타고 기사에게 응급실이 있는 가장 가까운 병원으로 가달라고 말했다. 병원 응급실에서 머리에 박힌 유리 조각을 빼내고 찢어진 살을 꿰매었다. 그때 내 머리를 꿰매주던 의사 선생님은 침대 위에 누워 바들바들 떨고 있는 나를 진정시키기 위해 계속 말을 걸어주었다.

"이름이 뭐야?"

"수경이요."

"몇 살이야?"

"여덟 살이요."

"어느 초등학교에 다녀?"

"○○초등학교요."

"근데 너 되게 의젓하다. 너 같은 애 처음 봐. 보통 애들은 여기 오면 울고불고 난리 나거든."

"선생님, 언제 끝나요? 저 괜찮아요?"

"그럼, 괜찮지. 거의 다 끝났어. 예쁘게 꿰매줄게."

"바늘이랑 실로 꿰매고 있는 거예요?"

"응."

"근데 왜 아무런 느낌이 없어요?"

"수경이가 움직이지 않고 가만히 잘 누워 있어서 그런 거야."

"선생님, 저 괜찮은 거 맞죠?"

"괜찮고말고. 자, 다 됐다."

은색 쟁반 위에 피가 묻어 있는 유리 조각이 올라가 있었다. 그제야 참고 있던 울음이 터져 나왔다. 아파서 운 건 아니었다. 시술은, 정말이지 전혀 아프지 않았다. 그보다는 이제 다시 집에 돌아가야 한다는 게 두렵고 힘들었다. 차라리 이곳 응급실이 나았다. 집은 끔찍한 지옥이었다. 그러나 나는 겨우 여덟 살이었고, 엄마와 아버지는 내 보호자였으니, 나는 아버지가 있는 집으로 돌아갈 수밖에 없었다.

새초롬한 새벽, 조용히 집에 들어갔다. 아버지는 아무 일 없다는 듯 코를 골며 자고 있었다. 엄마와 나는 혹시나 아버지가 깰까 봐 방 한구석에 조심스레 누워 불안한 잠을 청해야 했다.

날이 밝아 술이 깬 아버지는 방 안에 흩어져 있는 유리 파편과 널브러진 살림살이를 치웠다. 그리고 내 머리에 붙어 있는 두꺼운 반창고를 보았다. 아무것도 기억하지 못하는 아버지는 엄마에게 지난밤의 이야기를 전해 듣고 나를 탓했다.

"그냥 가만히 있을 것이지. 왜 도망가서 이 꼴이 됐어."

미안하다는 말은 없었다. 아버지는 그때나 지금이나 내

게 미안해하지 않는다. 그 어느 때도 미안해한 적이 없다. 미안한 마음이 있었다면 19년 동안 우리에게 그러지 말았어야 했다. 자신이 던진 유리잔 때문에 딸의 머리가 찢어졌건만 고작 애를 탓하는 그깟 말밖에 하지 못하는 사람이 나의 아버지였다. "아빠 때문이잖아요, 아빠 때문이라고요" 하고 외치지 못했던 건 분노보다 공포가 더 크게 자리하고 있었기 때문이다.

꿰맨 자리에서는 머리카락이 자라지 않았다. 어릴 때는 그 자리가 휑하고 커 보여서 검정 사인펜으로 칠하고 다녔다. 아버지가 그랬다는 걸 사람들이 알게 될까 봐 창피했다. 그 후 점차 몸이 자라면서는 상처의 크기가 상대적으로 작게 느껴져 더는 까맣게 칠하지 않는다. 머리카락의 가르마 방향으로 간단히 가려지기도 한다. 그러나 머리의 상처는 어떻게든 가릴 수 있어도, 그렇게 가려진다고 없던 일이 되는 건 아니었다. 상처가 품고 있는 그때의 기억은 여전히 가슴에 남아 가려지지도 지워지지도 않는다. 그저 오래된 상처가 나의 현재와 미래 삶에 또 다른 상처를 내지 않도록 애쓰고 있을 뿐.

영화 속 한 장면 같은

네모난 방. 삼십 대 초반의 여자가 방바닥에 등을 대고 누워 있다. 여자아이 둘은 한쪽 벽면에 몸을 바짝 붙인 채 서 있다. 서로의 손을 꽉 잡고서, 저만치 누워 있는 여자와, 여자의 배 위에 올라타 앉아 있는 남자를 바라본다. 남자의 주먹은 바쁘다. 양손이 번갈아가며 여자의 얼굴을 가격한다. 여자는 발버둥 치며 몸을 비틀어 보지만 소용없다. 꼼짝없이 잡혔다. 주먹을 바삐 놀리던 남자가 갑자기 멈춘다. 이제 끝났구나 싶었는데, 아니었다. 주먹이 아파서 잠시 쉬는 거였다. 숨을 헐떡이는 남자는 지쳐 보인다. 그렇게 잠시, 남자는 양손으로 여자의 머리칼을 붙잡고 자신의 손에 한 바퀴 휘어 감아쥔다. 남자는 다시 힘을 낸다. 손아귀에 잡힌 여자의 머리를 들었다가 방바닥으로 내리친다. 쿵. 쿵. 쿵. 주먹도 아프지 않고 손쉬운 방법이라 신이 났는지 리듬이 점점 빨라진다. 쿵쿵쿵쿵쿵. 옆집에서는 이 소리가 들리지 않는지, 대문을 두드리고 뭐 하냐고 묻는 사람은 아무도 없다. 경찰에 신고해주는 사람도 없다. 누워 있는 여자가 비명이라도 지르면 좋을 텐데, 여자는 이를 악물고 버틴다. 여자의 눈물이 곧 핏물과 섞여 방바닥을 적신다.

　벽에 붙어 있던 여자아이 중 작은아이가 선 채로 오줌을 싼다. 오줌은 가늘고 하얀 아이의 다리를 타고 흘러내린다. 뜨끈한 오줌이 큰아이의 발에 와 닿는다. 큰아이는 오줌을 싸지 않는다. 눈물도 내보이지 않는다. 몸의 모든 구멍이 움츠러들어 밖으로 무언가 나올 틈이 없다. 목구멍도 그렇다. 입술이 벌어져 있지만 아무런 소리도 새어 나오지 않는다. 큰아이는 생각한다. 숨구멍도 완전히 닫히면 좋겠다고.

　피와 눈물을 흘리며 누워 있던 여자는 온 힘을 다해 큰

아이에게 말한다.

"저 병, 치워……. 어서……."

남자가 손 뻗으면 닿을 곳에 베지밀 유리병이 놓여 있다. 그 유리병이 남자의 손에 닿으면 지금보다 더 끔찍한 일이 벌어질 거란 걸 여자도 큰아이도 직감한다. 그러나 아이는 꼼짝하지 않는다. 벽에 붙어 온몸을 파들파들 떨고만 있다.

남자는 모든 힘을 여자의 머리 찧기에 쏟아붓는다. 남자의 힘이 고갈되어갈 즈음 여자도 살아야겠다는 의지가 생겼는지 남자의 팔목을 베어 문다. 남자는 비명을 지르며 손에 쥐고 있던 머리칼을 푼다. 그러고는 짓누르고 있던 여자의 배에서 내려와 방바닥을 뒹굴다 그대로 잠이 든다.

여자는 힘겹게 기어서 방을 나간다. 큰아이도 그제야 발을 떼어 여자가 누워 있던 자리 가까이 몸을 옮긴다. 바닥을 내려다본다. 여자에게서 떨어져 나온 수많은 머리카락이 눈물과 핏물에 엉겨 붙어 방바닥에서 비명을 지르고 있는 듯하다. 뒤늦게나마 큰아이는 유리병을 들고 방을 빠져나간다. 여자는 식탁 의자에 앉아 숨을 고르며 피를 닦아낸다.

아이는 여자 곁으로 다가가다가 이내 걸음을 멈춘다. 더는 가까이 가지 못한다. 여자가 아이를 매섭게 쏘아본다. 부릅뜬 여자의 눈에서 슬픔과 분노가 뒤섞인 빨간 눈물이 뚝, 뚝, 떨어진다. 여자는 서늘한 눈빛으로 말한다.

"넌 엄마가 맞고 있는데 구경만 해? 왜 유리병 안 치웠어? 내가 죽으면 좋겠어?"

남자에게 얻어맞은 여자의 상처에는 피멍이 들어 있다.

"사는 게 정말 지긋지긋해."

고개 숙인 아이는 어깨를 들썩이며 조용히 말한다.

"잘못했어요. 엄마, 죄송해요."

열 살 아이는 놀라고 무서웠던 마음을 어찌해야 할지 몰라 가슴 깊이 넣어둔다. 그리고 엄마를 도와주지 못해 미안한 마음으로 잘못을 빈다. 아버지가 엄마를 때릴 때마다 아무것도 하지 못하는 자신을 탓하며 잘못했어요, 잘못했어요, 빌고 또 빈다.

* * *

아직도 그날의 악몽 같은 기억에서 벗어나지 못하고 있다.

셀 수 없이 많은 싸움 장면은 대개 세월에 희석되어 흐릿해지거나 사라졌지만, 이날만큼은 여전히 꿈속에서 영화처럼 재현되고 있다. 직사각형의 기다란 방, 그 끝에 힘없이 내쳐진 엄마, 흰색 러닝과 팬티 차림으로 엄마 배 위에 올라타 있는 아버지, 반대편 벽에 들러붙어 서로의 손을 꼭 잡고 있던 동생과 나, 동생 다리를 타고 흘러내린 오줌이 방바닥 장판에 번져 내 발에 닿는 촉감, 나를 바라보던 서슬 퍼런 엄마의 눈빛.

잊을 수가 없다.

잊히지 않는다.

잊고 싶다.

영화에서처럼 기억의 어떤 장면을 지울 수 있다면, 나는 주저 없이 이날을 꼽을 것이다.

이제 그만 아버지를 용서하라는 사람들의 말. 미래를 위해 과거를 보내줘야 한다는 책 속의 문장들. 그것들을 받아들이던 중이었다. 마음이 조금, 아주 조금 움직이고 있었다. 그런데 이 이야기를 쓰면서 나는 다시 원래의 나로 돌아올 수밖에 없었다. 그날 보았던 모든 장면과 그날 느꼈던 모든 감각이 아직도 몸에 새겨져 있었다. 온몸이 떨려오고 숨이 가빠지며 그 시간 그 공간 속으로 내던져진 듯했다. 악을 쓰며 엄마에게서 아버지를 밀쳐내고 싶었지만 아무것도 하지 못한 나를 다시 보는 것 또한 괴로웠다.

　작은 몸으로 커다란 죄책감을 짊어지고 살았던 내가 너무 가여웠다. 어린애의 천진난만함 대신 애어른을 만들어버린 아버지를 쉽게 용서하고 싶지 않았다. 내가 아팠던 만큼 꼭 그만큼 당신도 아파보라며, 조금 비집고 나오던 용서의 싹을 싹둑 잘라버렸다.

　나는, 여전히 아버지를 미워하고 싶다.

차라리 세상이 끝나길

고등학교 1학년 때의 겨울엔 다른 해에 비해 유독 추위를 느끼지 못했다. 바깥의 추위보다 더한 차디찬 기운이 내 안에 서려 있었다. 청각이 극도로 예민해져서 최소 음량으로 설정해놓은 전화벨 소리에도 소스라치게 놀라 몸을 웅크렸다. 울리지 않는 전화벨 소리가 늘 귓속을 맴돌았다.

고1 겨울방학은 고2의 시간을 달리기 위해 신발 끈을 단단히 매어야 하는 기간이었다. 빠듯한 가정 형편에 과외나 학원은 생각하지도 않고 혼자 독서실을 오가며 공부했다. 그날도 독서실에 다녀오는 길이었다. 저녁을 먹기 전까지 시간이 조금 남았지만, 일찍 가방을 싸서 부모님 가게로 향했다. 가게 앞에 다다르자, 누군가와 말다툼하는 엄마의 목소리가 가게 통유리 벽을 뚫고 새어 나왔다. 나는 겁먹은 강아지처럼 뒷걸음질 쳤다. 그러나 이내 말다툼 상대가 아버지가 아니라는 걸 알고는 용기를 내어 안으로 들어갔다. 탁자를 사이에 두고 한쪽에는 엄마가, 다른 한쪽에는 할머니와 작은아버지가 사나운 얼굴로 앉아 있었다. 엄마는 막내를 임신해 배가 불룩한 모습으로 두 살배기 셋째를 업고 서 있었다.

　돈 때문이었다. 할머니와 작은아버지는 엄마에게 돈을 내놓으라며 악다구니를 쳤고, 엄마는 줄 게 없다며 고집스럽게 버텼다. 아버지는 어쩐 일인지 삼자대면에 끼지 않고 거리를 둔 채 가만히 지켜보고만 있었다. 그런 아버지가 낯설었다. 침묵이 가져오는 공포에 숨이 가빠왔다. 바싹 마른 입술로 아버지에게 말했다.

　"엄마랑 싸우지 마세요. 제발 부탁이에요, 제발."

　아버지는 알겠다며, 걱정하지 말고 집에 가 있으라고 했다. 아버지를 믿고 싶었다. 단 한 번, 오늘, 내 부탁을 들어준다면 그동안의 아버지는 용서하리라 다짐하며 엄마를 두고 홀로 가게에서 나왔다. 뻣뻣하게 굳은 몸을 이끌고 왕복 6차선 도로를 건넜다. 엄마와 나는 6차선 도로를 사이에 두고 있었다. 발은 집을 향해 움직였지만, 눈은 가게에서 뗄 수 없었다. 온몸이 떨려왔지만, 추위 때문은 아니었다.

'아무 일도 없을 거야. 아버지는 술도 마시지 않았고 엄마는 임신 중이잖아. 동생까지 업고 있는데 설마 무슨 일이야 있겠어.'

떨리는 마음을 애써 진정시켰다.

집에 도착한 뒤 거실 소파에 꼼짝하지 않고 앉아 있었다. 아무것도 할 수 없었다. 무엇도 하면 안 될 것 같았다. 시간이 훌쩍 지나갔고 밖이 점점 푸르스름해졌다. 집 안이 어둠에 갇혔을 때 전화벨이 울렸다. 온 집 안을 가득 메우는 매서운 소리가 울려댔다. 가슴이 죄어오며 눈물이 쏟아졌다. 수화기를 들지 않았지만 내 몸이 먼저 반응했다. 집에 오기 전부터 이미 알고 있었는지도 몰랐다. 엄마에게 무슨 일이 생길 거라는 걸.

전화를 건 사람은 외숙모였다.

"수경아, 지금 빨리 외숙모네로 와."

외숙모는 큰 도로 쪽 말고 가게가 보이지 않는 뒷길로 오라고 다급하게 말했다. 전화를 끊고 외투도 입지 못한 채 밖으로 뛰쳐나갔다. 분명 뒷길로 가려고 했는데 무엇에 이끌렸는지, 나는 6차선 도로 앞에서 가게를 정면으로 바라보고 서 있었다.

비명을 지르며 길가에 주저앉았다. 가게 앞에 선 경찰차가 불빛을 번쩍였고, 사람들이 웅성대며 가게를 둘러싸고 있었다. 무슨 일이 생긴 게 확실했다. 하지만 어떤 일이 벌어졌는지는 몰랐기에 일어날 수 있는 최악의 상황을 가정해야 했다. 행인들이 발걸음을 멈췄고 지나가던 차들은 창문을 내려 거리에 앉아 울부짖는 나를 쳐다봤다. 가게 앞에 있던 외삼촌이 나를 발견하고는 무단으로 도로를 가로질러 왔다. 외삼촌에게 들은 말에 따르면, 그 당시 나는 눈이 뒤집힌 채 흰자위만 보였다고 한다. 숨도 제대로 쉬지 못했고 몸에 경련이 일어 병원으로 데려갔다고.

병원에 도착한 뒤 바퀴 달린 침대로 옮겨진 나는 엄마를 찾았다. 엄마는 보이지 않았다.

"엄마는요? 엄마 괜찮아요? 엄마 어디 있어요?"

옆에 있던 누군가가 엄마는 괜찮다고 했다. 믿을 수 없었다. 내가 아는 아버지는 엄마를 괜찮도록 내버려둘 사람이 아니었다. 엄마. 엄마. 나는 환자들과 보호자들을 의식하지 못하고 목 놓아 울며 엄마만 불러댔다. 그때, 온몸에서 저릿함이 느껴졌고 양손이 뒤틀리며 굳어갔다. 발 역시 쥐가 난 듯 딱딱해지고 내 의지로 움직여지지 않았다. 과호흡이었다. 간호사가 입에 비닐봉지를 가져다 댔다. 팔에는 링거 바늘을 꽂았다. 잠시 후 호흡이 안정되었고 잠이 들었다. 눈을 떴을 때 엄마가 곁에 있었다. 엄마는 나보다 괜찮아 보였다. 엄마를 보자 다시 호흡이 가빠지며 절망과 안도가 뒤섞인 눈물이 쏟아져 내렸다.

"외숙모네로 바로 가지 왜 거기 서서 그 꼴을 봤어. 바보처럼 이게 뭐야."

엄마의 녹록지 못한 삶은 안쓰러운 딸에게 그 정도의 위로를 전하는 것밖에 허락하지 않았다. 병원 침대에 누워 있는 딸의 마음을 따뜻하게 어루만져줄 여력이 엄마에게는 없었다.

병원에서 하룻밤을 자고 나올 때, 엄마와 나를 안타깝게 바라보는 수많은 눈빛을 느꼈다. 어릴 때부터 숱하게 받아오던 그 눈빛은 시간이 흘러도 익숙해지지 않았다. 여고생이었던 나는 모멸감과 수치심 같은, 멀리할수록 좋은 감정들을 내 안에 가득 품게 되었다. 그래도 엄마와 동생이 다치지 않아서 다행이라 생각하며 아버지를 피해 외삼촌댁으로 갔다. 나는 사촌 동생 방에 누웠고, 엄마는 거실에서 외삼촌과 이야기를 나누고 있었다. 잠시 후 외삼촌 집 초인종이 울렸다. 온몸에 소름이 돋았다. 언제나처럼 내 몸이 먼저 반응했다. 거실로 뛰어나가 인터폰 화면을 확인했다. 군데군데 피가 묻고 상처로 가득한 아버지의 얼굴이 보였다. 나는 비명을 질렀다. 문을 열지 말라고 애걸했지만, 엄마는 문을 열었다.

사촌 동생 방에서 손톱을 물어뜯으며 문틈으로 거실에 있는 부모님을 바라봤다. 아버지는 여느 때처럼 무릎을 꿇고 무의미한 사과를 정성껏 했다. 엄마 역시 늘 그렇듯 아버지의 사과를 받아주고 있었다. 두 번 다시 그러지 않겠다는 반복되는 거짓말을 또 믿어주었다. 지난밤의 소동이 아무 일도 아니었던 것처럼 우리는 외삼촌댁을 나왔다.

집으로 돌아가는 길에 가게에 들렀다. 통유리 벽이 뻥하니 뚫려 있어 가게 안이 훤히 들여다보였다. 산산조각 난 유리 파편과 의자들이 여기저기 널브러져 있었다. 지나

가던 사람들이 우리를 힐끔거리며 쳐다봤다. 나는 고개를 숙였다. 친구라도 만나게 될까 봐 마음이 조마조마했다.

지난밤, 할머니와 작은아버지는 엄마와의 대화가 원활하지 않자, 아버지를 불러내 나갔다고 한다. 셋은 함께 술을 마셨다. 아버지가 술을 마시면 어떤 상황이 벌어지는지, 그들은 너무나 잘 알고 있었다. 아버지는 그들의 의도대로 행동했다. 술에 취해 가게로 돌아와 동생을 업고 있던 임신한 엄마를 향해 의자를 집어 던졌다. 엄마는 가까스로 몸을 피했지만 그 때문에 유리벽이 깨진 것이다.

부모님은 만 하루도 되지 않아서 화해했고, 처참히 깨진 유리벽은 반들거리는 새 유리로 갈아 끼워졌다. 나만 빼고 모두가 아무 일도 없었다는 듯 아무렇지 않게 지냈다. 내 상처를 알아봐주는 사람은 단 한 명도 없었다. 부모님으로 인해 받은 상처는 내가 알아서 감당해야 할, 오직 나의 몫이었다.

나는 그날 이후 전화벨 소리만 들어도 몸서리치게 놀랐다. 시도 때도 없이 울려대는 가상의 벨소리에 잠식당해 귀를 틀어막거나 쥐어뜯기를 수없이 반복해야만 했다. 밤이 되면 입으로 베개를 물고 조용히 울었다. 언제까지 이렇게 살아야 할까. 부모님은 매일 죽도록 싸우면서 왜 자꾸만 아이를 낳는 것일까. 내가 죽어야만 아버지가 정신을 차릴까. 공부 대신 죽음을 생각하며 남은 방학을 보냈다. 그러나 제대로 된 좌절은 아직 시작도 되지 않았다는 걸 그때는 미처 몰랐다.

새 학년이 시작된 3월의 첫날, 복도에서 혜영이를 만났다. 나는 학교에서의 가면을 쓰고 밝고 다정하게 인사했다. 그런데 혜영이가 인사 대신 눈물 가득한 벌게진 눈으로 내 손을 잡으며 말했다.

"수경아, 괜찮아?"

"응? 뭐가?"

"너 병원에 간 날, 나도 병원에 있었어. 언니가 급성 맹장으로 응급실에 실려 갔었거든."

나는 아무 말도 하지 못한 채 그 자리에 서서 굳어졌다. 병원에서 나를 측은히 바라보던 수많은 눈빛 중 하나가 친구의 것이었다는 사실이 여고생인 나에게 너무나 가혹하게 느껴졌다. 그날 이후 혜영이를 피해 다녔다. 멀리서 혜영이가 보이면 다른 길로 방향을 틀었고, 우연히 마주쳐도 고개를 돌리고 지나갔다. 혜영이와 함께 걸어가는 친구들을 볼 때마다 혹시 혜영이가 내 얘기를 하는 건 아닐까 신경 쓰이고 불안했다.

나에 대한 소문이 학교에 났는지 나지 않았는지 모르겠지만, 고등학교에 다니는 내내 마음이 편치 않았다. 나를 좋아하고 친하게 지내던 친구들이 있었음에도 친구들에게 내 마음을 온전히 내어주지 못한 건, 언제 들킬지 모를 우리 집 형편 때문이었다.

가장 숨기고 싶었던 모습을 친구에게 들키고 나자, 아버지를 혐오하는 마음이 더욱 커져만 갔다. 가정 폭력의 피해자인 엄마를 가해자라 여기며 원망한 것도 그때부터였다. 임신한 자신을 향해 의자를 던지는 남편을 쉽게 용서하고, 다음 날이면 그런 남편에게 밥을 차려주고, 한 침대에서 함께 잠을 자는 엄마가 도저히 이해되지 않았다. 하루는 죽도록 싸우고 다음 날은 살을 맞대고 있을 부모님을 상상하면 소름 끼치고 치욕스러웠다. 사랑이라 부르는 행위와 폭력이 뒤섞인 채 만들어진 내가 더럽게 느껴져서 손톱을 세워 몸만 벅벅 긁어댔다. 숱한 날 밤을 새우며 바랐다. 차라리 내가 고아이기를, 전쟁이 나길, 세상이 끝나버리길.

할머니도 여자잖아요

96세의 할머니를 요양병원으로 모시기 전에 아버지 형제들이 한자리에 모였다. 그 자리에서 할머니는 엄마에게 처음으로 미안하다고, 못난 아들이랑 살아줘서 고맙다고 했단다. 그 말에 엄마는 눈물이 났다고 내게 이야기했다.

내가 궁금해하지 않는 일들을 엄마는 구태여 전했다. 아무렇지 않고 싶었지만 그렇게 되지 않았다. 덮어두었던 불쾌하고 불편했던 감정들이 고개를 들어 비집고 나왔다. 중언부언하며 진짜 하고 싶은 말을 못 하고 머뭇거리는 엄마에게 내가 선수를 치며 물었다.

"할머니가 나한테는 미안하다고 안 하셔? 왜 나한테는 사과 안 해? 나는 할머니 보고 싶지 않아. 여태 안 보고 살았잖아. 그리고 할머니, 나한테 어떤 것도 기대하면 안 되지. 달고 나오지도 못한 딸년한테 뭘 기대해!"

다듬어지지 않은 날카로운 말은 사실 할머니 앞에서 하고 싶은 이야기였다. 나이를 먹고 기력이 쇠약해진 엄마는 예전 같지 않게 내 눈치를 살폈다. 할머니에게 마지막 인사라도 드릴 겸 찾아뵙는 건 어떻겠냐는 말은 결국 하지 않았다. 다만, 이제 그만 잊고 스스로를 힘들게 하지 말라고 했다. 다 용서하고 나니 오히려 마음이 편해졌다는 엄마에게, 나는 사과도 받지 못했고 마음이 좁디좁아 그럴 생각이 전혀 없다며 인상을 썼다.

내가 아는 주변의 할머니들은 인자하고 따뜻했으며, 행여 자식은 미워할지라도 손주는 끔찍이 여겼다. 그러나 나는 단 한 번도 나의 할머니에게서 온기를 느껴본 적이 없다. 대학 합격 소식을 전했을 때, 할머니는 계집애가 무슨 대학이냐며 빨리 돈 벌어서 아버지 부양할 생각이나 하라고 했다. 스무 살에 처음 아르바이트해서 번 돈으로 부모님과 할머니에게 줄 속옷을 사서 포장된 상자를 내민 날은, 뜯어보지도 않은 채 밀어내며 이런 거 필요 없으니 돈으로 달라고 이야기했다.

잠시 함께 살던 대학생 때는 또 어땠더라. 어느 날 학교를 마치고 예정보다 일찍 집에 갔는데, 현관문을 열자마자 거실 텔레비전 앞에 앉아 있던 할머니가 황급히 빨래 더미로 무언가를 덮었다. 집 안에서는 치킨 냄새가 진동했다. 할머니는 손녀에게 치킨 한 조각도 내어줄 수 없었던 것일까. 그런 할머니와 한 공간에 있는 게 거북해서 가방만 내려두고 다시 밖으로 나왔다.

그러나 할머니에 대한 기억이 이 정도로만 끝났어도 예의를 갖추어 마지막 인사를 드렸을 것이다. 내 기억 속 할머니는 무수한 말로 나와 엄마의 가슴을 멍들게 했다. 엄마가 아버지에게 숱하게 맞을 때마다 할머니는 아버지 편을 들었다.

"네가 맞을 짓을 하니까 내 아들이 때렸겠지."

할머니는 엄마에게 부모가 없다는 것을 탐탁지 않게 여겼다. 가정교육을 제대로 받지 못한 여자랑 사는 아들이 얼마나 답답하겠냐고, 때릴 때는 그럴 만한 이유가 있는 거라고 했다. 그러나 할머니의 딸이 사위에게 뺨을 맞았을 때는 망치 달린 도끼를 들고 훈수를 두었다.

"저놈의 새끼, 손모가지를 잘라버려야 해."

이럴 때 쓰는 말이 내로남불이었던가.

엄마가 마음에 들지 않을 때마다, 할머니는 저년은 아비 어미 없이 자라서 막돼먹었다며 엄마의 가장 아픈 곳을 헤집어놓았다. 살갑게 굴지 않는 나에게는 제 어미 닮아서 저 모양이라고, 다 큰 여자 둘이 인상을 쓰고 있으니 집안이 잘될 리 없다고 면박을 주었다. 아버지가 마음잡지 못하고 방황하는 건 아들이 없어서라며, 쓸데없이 딸만 낳았다고 엄마와 우리를 하찮게 여겼다. 할머니가 그럴 때마다 속으로 바락바락 대들었다.

'할머니도 여자잖아요! 당신도 여자라고!'

밖으로 내뱉지도 않은 말을 어떻게 알았는지, 눈치 빠른 할머니는 코웃음 치며 의기양양하게 선언했다. 자기는 아들을 셋이나 낳은 여자라고.

우리를 대놓고 하대하던 할머니에게 아무 말도 하지 못했던 건 아버지 때문이었다. 아버지는 효자여서 할머니를 위해서라면 뭐든지 할 수 있는 사람이었다. 아버지 인생에서 할머니는 언제나 최우선이고, 할머니가 하는 모든 말은 곧 법이요 진리였다. 그러니 할머니에게 저항하는 일은 아버지 손에 죽겠다는 의미나 다름없었다.

* * *

지렁이도 밟으면 꿈틀한다던가. 동생이 빽빽대며 울던 어느 날, 나는 꿈틀도 아닌 거대한 몸부림을 치는 지렁이가 될 운명이었다. 그날따라 둘째 동생이 심하게 울어대고 있었다. 평소에도 고집 세고 예민했던 둘째 동생은 한번 울면 토할 때까지 울었다. 목청 또한 우렁차서 울 때마다 달래느라 곤욕을 치르곤 했다. 그날도 있는 힘껏 울고 있는 동생을 달래고 있는데, 텔레비전을 보고 있던 할머니가 볼륨을 높이며 짜증을 냈다.

"저년은 달고 나오지도 못한 주제에 왜 소리 내서 운다니. 아이고, 시끄러운 년."

할머니의 말이 내 심장을 할퀴고 지나갔다. 자주 듣던, 엄마와 우리를 칭하는 '이년 저년'도 그날따라 참을 수 없을 만큼 치욕적으로 느껴졌다. 말대꾸 한 번 없이 고분고분하던 나는 그날 미친 사람처럼 동생에게 악을 쓰며 비아

냥거렸다.

"넌, 왜 달고 나오지도 못한 주제에 소리 내서 우는 거야! 너처럼 달고 나오지 못한 할머니가 시끄럽다잖아!"

다행히도 할머니는 곧바로 내 의중을 파악했다.

"저년 저거 나 들으라고 하는 말이지. 제 어미 닮아 막돼먹은 년."

할머니도 나 들으란 듯이 아버지에게 전화했다. 내가 잘 들을 수 있게 큰 소리로 나의 아버지에게, 당신을 끔찍이도 사랑하는 큰아들에게 선포하듯 말했다.

"내가 오늘 밤 죽으면 그건 다 잘난 네 큰딸년 때문인 줄 알아라!"

할머니는 수화기를 쾅 하고 부서져라 내려놓고는 가방을 쌌다. 나를 향해 온갖 욕설을 퍼부으며 자기 집으로 가버렸다. 동생은 울다 지쳐 잠들고, 텔레비전에서 흘러나오는 소리만 요란스레 집 안을 떠다녔다. 뒤늦게 상황을 인지하고 나자 온몸이 떨려왔다. 이어질 환란의 시간이 예상되어 몸에서 한기가 느껴졌다.

나도 짐을 쌌다. 그대로 있다가는 아버지 손에 죽게 될 것 같았다. 책가방에 옷가지 몇 개를 욱여넣고 있을 때 전화벨이 울렸다. 엄마였다. 자초지종을 묻는 엄마에게 상황을 설명하는데 수화기 너머로 아버지 목소리가 들렸다. 위협을 느꼈다. 나를 죽이겠다며 길길이 날뛰는 아버지의 음성을 듣자 비참하게도 내 행동이 후회되었다. 할머니한테 그러지 말걸. 여느 때처럼 그냥 혼자 삭이고 말걸.

엄마에게 집을 나가게 해달라고 애원했다. 외삼촌댁에 가면 안전하지 않겠냐고 설득했지만, 엄마를 이길 수 없었다. 엄마가 내뱉은 마지막 한마디에 가방을 풀고 주저앉아 울었다.

"네가 이러면 엄마가 더 힘들어져."

그렇다. 나에 대한 아버지의 화는 더 큰 화로 부풀려져 엄마에게 돌아갈 것이었다. 내가 그걸 모를 리 없었다. 한참 뒤 엄마에게 다시 전화가 왔다. 아버지의 화가 누그러졌으니, 집에 갈 때까지 기다리라는 말과 함께 나를 참담하게 만드는 유혹이 더해졌다.

"네가 할머니 댁에 가서 무릎 꿇고 빌면 아빠가 용서해준대. 우리 집으로 다시 모시고 오면 없던 일로 한대."

엄마는 그렇게 아버지와 합의를 본 것이다. 내가 받았던 상처 따위는 언제나처럼 중요하지 않았다. 나는 아버지가 두려웠다. 엄마를 때릴 때의 그 손, 눈빛, 발짓, 욕질. 수년간 봐왔던 아버지의 모습은 엄마의 입에서 나온 비참한 제안을 거부할 수 없게 만들었다.

깊은 밤, 아버지 손에 초라하게 이끌려 할머니 집으로 갔다. 무릎을 꿇었다. 잘못했다고 빌었다.

"제가 잘못했어요. 다시 집으로 돌아와주세요."

나는 텅 빈 눈으로 방바닥만 바라보며 말했다. 할머니는 아버지 앞에서 온화하고 자상한 어투로 나를 용서해주겠노라 하셨다. 밤이 늦었으니, 날이 밝으면 우리 집으로 다시 돌아가겠다고 했다. 부아가 났다. 용서를 빌고 사과해야 할 사람은 내가 아니라 할머니인데.

아버지도 할머니에게 용서를 빌었다. 자식을 잘못 키워 그렇다는 아버지의 음성은 내 가슴 어딘가에 고여 있던 쓴물을 올라오게 했다. 나를 키워? 도대체 아버지는 나를 어떻게 양육했고 어떤 교육을 했단 말인가. 이를 악물고 쓴물을 삼켰다.

무릎을 꿇고 인정할 수 없는 잘못을 빌고 집으로 돌아가는 길. 아버지는 나보다 다섯 걸음 정도 앞서 걸었다. 나는 할머니와 닮은 아버지의 등을 보며 뒤를 따랐다. 옆을 돌아봤다. 6차선 도로를 거침없이 달리는 차들이 나를 불러댔다.

'이리 와. 뛰어들어. 아버지에게 고통을 줄 수 있는 가장 좋은 방법이야. 네 치욕을 만회할 기회라고.'

눈물이 줄줄 흘렀다. 아버지가 두려웠던 만큼 죽음 또한 두려웠다. 아버지와 할머니에게 씻을 수 없는 고통을 남겨주고 싶었지만, 나는 아무것도 할 수 없었다. 꿈틀거리다 짓밟힌 마음은 오랫동안 회복되지 못했다.

가혹한 슬픔의 밤

엄마는 내가 중학생이 될 때까지 하던 식당을 접은 후 아버지와 함께 슈퍼 일을 했다. 작은 구멍가게가 여섯 식구를 먹여 살리던 때였다. 과자와 아이스크림을 팔아 남기는 푼돈은 생활에 턱없이 부족해서 보험 약관 대출을 받거나 비싼 이자를 내고 빌리는 일수를 쓰며 생활을 이어갔다. 밥만 먹고 살아도 빠듯한 형편이었는데, 언젠가부터 아버지가 가게 금고에 손을 대기 시작했다. 금고에 만 원짜리가 몇 장 모이면 몰래 주머니 속에 넣었다. 아버지 주머니에 숨어 있던 돈은 매주 일요일 성당에서 할머니 주머니로 옮겨졌다.

아버지의 효심은 정말이지 처절했다. 금고에서 꺼낸 돈을 엄마에게 들키지 않기 위해 집 안 구석구석 다양한 곳에 숨겨두었다. 그중 가장 어이없던 은닉처는 성모마리아 상 바닥이었다. 먼지를 닦으려고 거실장 위에 있는 성모마리아 상을 들어 올렸는데, 바닥에 반으로 접힌 만 원짜리 한 장이 놓여 있었다. 아버지는 성모마리아 발밑에 돈을 숨기며 당신의 효심을 굽어살펴달라고 기도했을까. 장판 밑, 침대 매트 아래, 액자 뒤, 심지어 성경책 사이사이에도 돈이 끼워져 있었다. 주일마다 성당에 가는 아버지의 뒷모습을 물끄러미 바라보며 생각했다. 아버지는 기도를 드리기 위해 성당에 가는 걸까, 할머니에게 돈을 드리기 위해 가는 걸까.

신경이 날카로워진 엄마는 아버지를 감시하기 위해 낮잠도 안 자고 주변 가게로 마실도 가지 않은 채 눈에 불을 켜고 슈퍼를 지켰다. 금고에 만 원짜리가 쌓이지 않도록, 초록색 지폐만 보이면 곧바로 가방에 넣어 아버지 눈에 보이지 않게 했다. 하나 마나 한 일이었다. 만 원짜리를 사수하기 어려워진 아버지는 오천 원과 천 원짜리에도 손을 댔다. 숨기는 자와 찾으려는 자. 둘의 보물찾기는 서로를 갉아먹는 게임이었다. 숨겨놓은 돈이 그 자리에 없을 때, 숨긴 자는 들켰다는 무안함에 멋쩍어하다가 자기 일이 방해받았다는 것에 화가 난다. 찾아내는 자는 돈을 찾아 기쁜 게 아니라 괘씸함과 배신감에 열불이 난다. 서로가 상대방이 하는 일을 알면서도 아무도 입을 열지 않았다. 누구라도 먼저 입을 여는 건 실수로 밟은 지뢰에서 일부러 발을 떼는 자살 행위나 마찬가지였다.

보이지 않는 혈투 속에서 나는 만신창이가 되어갔다. 엄마는 아버지에게 퍼붓지 못하는 말을 나에게 쏟아냈다.

"능력도 없는 주제에 효도는 무슨 효도야. 분수껏 살아야지. 제 어미만 불쌍하고 마누라랑 애들은 잘 먹고 잘 사는 것처럼 보이나 보지? 마누라 병들어가는 건 모르지. 내 팔자야. 어쩌다 내가 저런 인간을 만나서 이 고생을 하고 사는지. 지겹다, 정말. 자다 확 죽어버렸으면 좋겠어."

싫어도 거부할 권리 없이 고스란히 받아내는 엄마의 하소연은 나를 엄마보다 더 괴롭게 만들었다. 어디 그뿐인가. 엄마의 지령을 받고 아버지 몰래 집 안 곳곳을 뒤지며 돈을 찾아내야 했다. 그때마다 아버지에게 들키기라도 할까 봐 얼마나 마음 졸였던지.

극도의 스트레스에 시달리던 엄마는 정말 곧 죽을 사람처럼 얼굴색이 까맣게 변해갔고, 나는 엄마가 잘못되기라도 할까 봐 노심초사했다.

＊＊＊

어느 날 학교를 마치고 갔을 때, 아버지 혼자 가게를 보고 있었다. 평소 아버지에게 말도 걸지 않는 내가 그날 왜 그랬을까. 언제 터질지 모르는 지뢰가 불안해서 자폭해버린 것일까.

"아빠, 엄마가 다 알고 계세요. 금고에서 돈 꺼내다 할머니 갖다주는 거 이제 그만하시면 안 돼요? 우리가 잘사는 것도 아니고……. 이러다 엄마 병나겠어요."

말이 끝나고 침묵이 흘렀다. 가게는 순식간에 서늘한 공기로 가득 찼다. 고요한 정적 속에서 바라본 아버지의 표정은 섬뜩했다. 잠시 후 침묵을 깨는, 내 몸을 찢어버릴 듯한 아버지의 음성이 내게 날아와 박혔다. 살면서 아직도 남에게 들어보지 못한 욕을 그때 아버지에게서 처음 듣게 되었다.

"이 좆같은 게!"

아버지가 뱉은 그 한마디만으로도 내 몸은 절로 뒷걸음질 치며 비명을 질러댔다. 손으로 얼굴을 감싸고 얼른 몸을 웅크렸다. 화장실에 다녀오던 엄마가 놀라서 얼른 가게로 뛰어 들어왔다. 나와 엄마를 향한 아버지의 겁박이 이어졌다.

"내가 내 엄마한테 돈 준다는 데 너희가 무슨 상관이야! 한 번만 더 지껄이면 싹 다 불 질러버릴 줄 알아!"

아버지는 종종 불을 질러 다 죽여버리겠다는 협박을 하곤 했는데, 그날은 정말로 불을 지를 것만 같았다. 엄마와 나는 입을 다물고 고개를 숙였다. 아버지를 자극하지 않기 위해 숨을 죽였다.

짙도록 어두웠던 그날 밤, 이불 속에서 소리 없이 울었다. 한참을 울다 보니 소리 내지 못하고 우는 것도 지겹게 느껴졌다. 울음을 멈추고 숨을 깊이 내쉬었다. 이불을 얼굴에 돌돌 말았다. 숨을 참았다. 불타 죽는 것보다 숨 막혀 죽는 게 나을 것 같았다. 그러나 오래 버티지 못하고 이불을 풀었다. 헉헉 숨을 몰아쉬는데 안방에서 아버지의 코고는 소리가 들려왔다. 그 옆에서 등 돌린 채 자고 있을 엄마의 모습이 그려지자 멈춘 눈물이 다시 차올랐다. 나는 내 방에서 숨죽여 울기라도 하지. 엄마는 아버지 곁에서 무슨 생각을 하며 이 밤을 보내고 있을까. 엄마가 가여웠다. 엄마를 위해 내가 할 수 있는 일들을 다시 한 번 되짚으며 눈을 감았다. 바라지 않기, 울지 않기, 아프지 않기, 바르게 자라기, 엄마가 신경 쓰는 일 없도록 알아서 잘하기.

* * *

꺼내놓지 않은 가혹했던 밤들이 아직도 내게 남아 있다. 그 밤의 기억들 탓에 마흔이 넘은 지금도 한밤중에 윗집에서 나는 다툼 소리에 몸을 움츠리고 떤다. 그만 잊어도 될 법한 장면들이 다시 나를 그때의 밤으로 데려간다. 윗집에 있을지 없을지 모를 자녀를 혼자 상상하기도 한다. 아이는 지금 무슨 생각을 하고 있을까. 나처럼 이불을 뒤집어쓰고 울고 있을까. 아버지를 밀치고 싶은데, 경찰에 신고하고 싶은데, 그러지 못하는 자신을 탓하고 있을까. 아무도 도와주지 않는 세상을 원망하고 있으려나. 그것도 아니면

15층 자기 방에서 창문을 열고 까마득한 저 끝으로 낙하하기 위해 힐끔거리고 있을까. 내가 도와줘야 하는데, 당장 윗집으로 달려가 여자와 아이를 구해 와야 하는데. 오래전 그때처럼 아무것도 못 하고 바보처럼 울고만 있는 나를 비난하며 괴로워할 뿐이다.

들어주지 않는 기도

어렸을 때 살던 집 옆에는 성당이 있었다. 우리 집은 수녀원 담벼락과 맞닿아 있어서 성당 안쪽이 훤히 들여다보였다. 우리가 큰 수녀님이라 부르던 마리아 수녀님은 눈, 코, 입이 모두 동글동글했고 말투는 더 동글거려서 수녀님 목소리를 듣고 있으면 마음이 편안해졌다. 수녀님은 성당에서 잔치나 행사가 있을 때마다 담 아래로 떡이며 과일을 건네주셨다. 처음엔 성당에 다니는 걸 탐탁지 않게 생각한 엄마였지만 수녀님께 받은 것들이 고마워서, 드릴 게 없어 미안해서 성당에 나가 세례를 받았다.

수녀님은 엄마를 '자매님'이라고 불렀다.

"자매님, 자매님."

엄마를 부르는 수녀님의 목소리가 들리면 엄마는 하던 일을 멈추고 곧장 담 아래로 달려갔다. 잠시나마 엄마의 얼굴이 환해지는 순간이었다. 수녀님은 신자들에게 받은 선물이나 간식 같은 걸 엄마에게 건넸고, 엄마는 연신 손사래를 치면서도 무척이나 좋아하는 듯 보였다. 단순히 무언가를 받아서가 아니었다. 수녀님은 언제나 엄마의 손을 다정히 잡고 웃어 보였으며, 때로는 애틋한 눈빛을 보내주었다. 누군가의 퍽퍽하고 고단한 삶을 다정한 마음으로 바라봐주는 사람이 있다는 건 스러져가는 그의 하루를 살려내는 일이었을 것이다.

그러나 때론 수녀님의 부름을 듣고도 엄마가 나가지 못하는 날들이 있었다. 전날 아버지에게 맞은 상처가 얼굴 곳곳에 나 있거나 몸을 일으킬 수 없을 만큼 힘들 때였다. 그런 날에는 엄마 대신 내가 쭈뼛거리며 담 밑으로 나갔다. 수녀님은 한밤중에 우리 집에서 일어난 일을 다 알고 있는 눈치였다.

"엄마는 괜찮으시니?"

나는 입을 굳게 다물고 눈으로 말했다.

'아니요. 괜찮지 않아요. 수녀님, 우리를 도와주세요.'

슬프게도 그 말은 입 밖으로 소리가 되어 나오진 못했다. 간혹 싸움이 끝나고 날이 밝았을 때 수녀님이 아버지를 타이르기는 했지만, 내가 원한 건 그런 나긋한 회유책이 아닌 강경책이었다. 모질게 혼을 내든 지옥으로 데려가든, 수녀님이 엄마와 나를 폭력에서 벗어날 수 있도록 도와주길 바랐다. 물론 당시 사회의 전반적 분위기는 그러지 못했고, 가정 내에서의 폭력은 지극히 사적인 영역으로 간주되었기에 경찰조차 어찌해주지 못하는 게 현실이었지만, 그런 사정을 알 리 없던 나는 그저 수녀님이 야속하기만 했다. 작은 체구의 아버지는 술만 마시면 어디서 그런 힘이 나오는지, 성인 남자 여럿이 말려도 몽땅 뿌리치며 엄마를 향해 돌진하던 사람이었다. 수녀님도 그런 아버지가 무서워서 돕지 못하는 거라고 어린 마음에 위로했다. 그저 빌었다. 수녀님이 있는 성당에 열심히 다니며 기도했다.

'하느님, 저에게 왜 이런 아버지를 주셨나요. 저는 아버지가 필요 없어요. 데려가주세요.'

* * *

고3 수능을 백 일 앞둔 때에 드디어 신이 내 기도를 들어주는 듯했다. 야간 자율학습을 하고 있을 때 담임 선생님이 나를 복도로 불러냈다. 아버지가 쓰러지셨다는 연락이 왔으니 빨리 집으로 가보라고 했다. 가방을 챙겨 버스 정류장으로 걸어가며 핸드폰 전원을 켰다. 집에서 온 문자를 느릿느릿 확인하고 덤덤히 버스에 올라탔다. 집에 도착하자 어린 동생들을 돌보러 외숙모가 와 있었다. 금방이라도 울어버릴 것 같은 외숙모의 표정에서 아버지의 상태를 짐작할 수 있었다.

아버지는 그날 오전부터 체기가 있어 불편해했다고 한다. 한의원에 가 진료를 보았고 특별한 소견이 없어서 약만 지어 먹었다. 어지럽고 메스꺼운 현상이 지속되어 엄마가 바늘로 아버지의 손을 땄다. 차도가 없이 상태가 점점 심각해져 동네에서 가장 큰 병원으로 갔다. 병원에서는 원인을 알 수 없다 했고, 그사이 구토한 아버지는 의식을 잃어갔다. 결국 구급차를 타고 대학병원으로 이송되었다. 응급실에 도착했을 때 아버지는 이미 의식이 없었다. 외숙모에게 대강의 내용을 전해 들은 나는 별 대수롭지 않게 여기며 동생들을 챙기고 여느 때와 같은 평범한 저녁 시간을 보냈다.

다음 날 아침, 엄마에게 전화가 걸려왔다. 수화기 너머의 엄마 목소리는 깊은 슬픔에 잠겨 있었다. 뇌혈관 두 곳이 터진 아버지가 장시간에 걸친 수술을 받았고, 엄마는 병원 성당에 가서 애들 아빠를 살려달라며 밤새워 기도했다고 했다. 엄마에게 하고 싶은 말이 있었지만 속으로 꾹 삼켰다.

'엄마, 나는 아버지가 필요 없어.'

고3이었지만 어린 동생들을 돌봐야 해서 등교하지 못했다. 한낮의 중간쯤 엄마에게 다시 전화가 왔다. 엄마는 울고 있었다. 담당 의사에게 아버지의 의식이 돌아오지 않을 수 있다는 말을 들었고, 생존하더라도 식물인간이 될 가능성이 높으니 마음의 준비를 하라고 했다며 통곡했다. 그러나 나는 울음이 나오지 않았다. 오히려 옅은 희망을 품었다. 내 인생이 조금은 나아질 수도 있겠다는 희망, 더는 불안에 떨지 않을 수 있겠다는 기대였다. 보통의 사람들은 천륜을 운운하며 나를 비난할 수도, 착한 얼굴이 소름 끼치게 무섭다고 흉을 볼지도 모르지만, 나는 살고 싶었다. 불안에 떨지 않고 편안히 자보고 싶었다. 죽고 싶다는 생각도 그만하고 싶었다. 가정 폭력 환경에서 자라는 걸 들킬까 봐 전전긍긍하지 않아도 될 새로운 미래가 설레기까지 했다. 아버지가 없는 친구들을 부러워하지 않아도 되는 상황이 반가웠다. 누굴 만나도 내 환경이 짐이 되지 않을 수 있다는 희망이 가슴에 가득 번져갔다.

* * *

희망이 절망으로 바뀌는 데는 그리 오랜 시간이 걸리지 않았다. 며칠 뒤 아버지는 보란 듯이 깨어났다. 마치 나의 소망 같은 건 조금도 들어주고 싶지 않다는 듯이. 아버지의 의식이 돌아온 날 조퇴를 하고 병원에 갔다. 중환자실에 있던 아버지는 머리에 의료용 전선을 덕지덕지 매달고 있었다. 엄마는 아버지를 불렀다.

"수경 아빠, 눈 떠봐. 수경이 왔어."

아버지는 힘겹게 눈을 떴다. 그러곤 나를 찬찬히 바라보았다. 아버지와 눈이 마주치자, 눈물이 솟구쳤다. 기도를 들어주지 않는 하늘이 얄미웠다.

"괜찮아, 네 아빠 괜찮대. 아까 엄마를 알아보더라. 얼마나 다행이니."

엄마는 내 눈물을 오해했다. 엄마가 흘린 눈물과 같은 종류의 것이라 여긴 것이다. 나는 참을 수 없는 실망과 분노를 붙들고 화장실로 뛰어갔다. 세면대 물을 틀어놓고 거친 숨을 몰아쉬며 울었다. 눈물이 잦아들 때까지 멈추지 않고 세수를 했다. 고개를 드니 거울 속에서 낯선 여자아이가 나를 노려보고 있었다. 그 눈빛이 아버지의 눈빛과 닮아 있었다. 시뻘게진 눈에 분노가 가득했고, 꽉 쥔 주먹은 악에 받쳐 부들부들 떨리고 있었다. 금방이라도 누군가와 한판 벌일 기세로.

누구에게라도 어디에라도 원망을 쏟아내야 했다. 나는 아버지가 필요 없다고 그토록 기도했건만, 그 기도가 하늘에 닿기를 바라며 최선을 다해 착하게 자랐건만, 어째서 엄마와 나를 힘들게 하는 아버지를 살려낸 걸까. 믿고 있던 신을 탓했다.

2부

살고 싶던 나날

아기가 된 폭군

여름 끝자락에 수술한 아버지는 겨울 초입에 퇴원했다. 자신이 살아온 50년의 세월을 깨끗이 지운 채 집으로 돌아왔다. 기억 상실에 더해 아기가 된 아버지는 24시간 누군가의 보호가 필요한 사람이 되어 우리에게 남겨졌다. 아버지는 엄마를 제외한 모든 사람을 알아보지 못했다. 집에서 나랑 마주치면 누구냐고 물었다. 잘 걷지 못해서 자주 넘어졌다. 말은 어눌했고, 다른 사람 말 또한 제대로 알아듣지 못했다. 혼자서는 집 바로 앞도 나갈 수 없어서 다섯 살 난 딸의 손을 잡아야 했다.

엄마는 아버지를 불쌍히 여겼다. 펄펄 날뛰던 사람이 하루아침에 바보가 되었다며 측은하게 바라봤다. 나는 그런 엄마가 이해되지 않았다. 원망을 퍼부어도 모자랐다. 상처만 주고 해준 것도 없으면서, 이런 식으로 우리에게 남겨진 채 짐이 된 아버지가 싫었다. 잠든 아버지를 저 멀리 어딘가로 끌고 가서 버려두고 싶었다. 아버지는 부모로서 책임과 의무를 전혀 하지 않았는데, 왜 나는 자식 된 도리를 해야만 하는지. 사회가 기대하는 보편적 역할과 그것을 받아들이지 못하는 상충된 마음이 엉켜 풀리지 않았다.

먹는 것에 까탈스럽고 무엇을 먹든 깔끔하게 소식하던 아버지는 툭하면 배가 고프다고 칭얼거렸다. 밥풀을 온갖 군데 날리며 먹었고 침을 질질 흘려서 목에 손수건을 대주어야 했다. 숟가락질을 제대로 못 해서 다섯 살 동생이 떠먹여주기까지 한 날도 있었다. 수시로 낮잠을 자고, 말은 했지만 아기 옹알이하듯 해서 무슨 말인지 알아들을 수 없었다. 아버지는 그야말로 다섯 살 동생보다도 더 어린 아이가 된 것 같았다. 아기가 된 폭군 아버지를 보며 인간의 뇌가 얼마나 중요한 영역인지 새삼 깨달았다.

걱정 하나 없이 무념무상으로 잘 먹고 잘 자는 아버지

의 얼굴은 점점 살이 차오르고 윤기가 흘렀다. 지난날의 과오는 찾아볼 수 없을 만큼 순백의 말간 얼굴로 웃고 있는 아버지를 볼 때마다 울화가 치밀어 올라 눈을 부릅떴다. 마땅한 처벌을 받지 않고 갖갖 이유로 사면받은 범죄자의 파렴치한 미소를 보는 것만 같아 불쾌했다. 사람들이 아버지를 측은하게 바라보는 것 또한 마음에 들지 않았다. 가족에게 백번 사죄하고 가족을 위해서 뭐라도 해야 할 죄인인데 아프다는 이유로 그간의 잘못이 무마되다니. 못마땅한 마음에 툴툴거리면 엄마는 아버지가 벌 받는 거라고 했다. 병들었다고 가족에게 버려진 것도 아니고, 전보다 더 편하게 사는데 이게 무슨 벌이라는 건지. 벌은 아버지 아닌 엄마가 받고 있는 것처럼 보이는데 정작 엄마는 그걸 모르고 있는 듯했다. 묵직한 한숨만 흘러나왔다.

가게에서 긴 하품을 연달아 하는 엄마에게 눈 좀 붙이라며 엄마 대신 계산대 앞에 앉았다. 가게와 분리된 별도의 휴게 공간 평상에 누운 엄마에게 힘들지 않냐고 물었다. 엄마는 눈을 게슴츠레 뜨고 나른한 표정으로 말했다.

"힘들지. 왜 안 힘들겠어. 그래도 이젠 네 아빠 눈치 안 봐도 되고 얼마나 좋아. 너 대학교 졸업하고 빨리 합격해서 같이 벌면 좀 나아지겠지."

 아버지가 쓰러진 이후로 더 이상의 폭력이 없다는 사실에 마음은 편해졌지만 어쩐지 어깨는 더욱 무거워진 기분이었다. 중학생인 둘째, 나란히 어린이집에 다니는 셋째와 넷째, 지속적인 치료와 약 복용이 필요한 병든 아버지를 생각하면 웃고 있다가도 가슴이 답답해서 웃음을 거두고 깊은숨을 내리쉬었다. 가정 폭력만 사라져도 잔잔한 호수처럼 인생이 평온해질 줄 알았는데 인생은 호수가 아닌 바다였다. 쉬지 않고 파도가 일렁이는 바다. 한 줄기 파도가 모래에 부서져 사라지면 이내 다음 파도가 밀려온다는 걸 나는 차츰 몸으로 알아가고 있었다.

수능 보던 날

수능 전날 잠을 거의 자지 못했다. 예민한 성격으로 평소 작은 소리에도 긴장하며 눈을 번뜩 뜨던 나는, 특별한 날을 앞두고 마음이 와르르 무너진 상태였다. 우리 집 상황에 재수는 있을 수도 없는 일. 무조건 대학에 가야 했다. 일찌감치 특수교육과에 가기로 마음먹었으나 그 당시 특수교육과가 개설된 대학은 많지 않았다. 나는 공주대학교에 가고 싶었다. 이유는 오직 하나. 집을 떠나 자취할 수 있는 거리의 학교였기 때문이다.

힘든 엄마 곁에서 도움이 되어야 한다는 걸 머리로는

알고 있었지만 어쩐지 마음은 자꾸만 집에서 멀어지고 싶어 했다. 그러나 자취는 절대 안 된다는 엄마의 선언에 일언반구 대꾸도 하지 못하고 마음을 접었다. 통학이 가능한 거리에 있는 학교는 서울권의 단국대와 이화여대, 경기권의 강남대뿐이었다. 서울권에 갈 성적은 안 됐다. 경기권은 해볼 만했다. 버스로 통학이 가능하니까 차비를 아낄 수 있겠지, 등록금은 얼마나 하려나, 아르바이트 하나 구해서 용돈은 벌어 쓰고 공부 열심히 해서 장학금 받으면 엄마한테 부담이 덜 되겠지. 이런저런 생각을 하다 보니 알람이 울리기도 전에 눈이 떠졌다.

전날 엄마가 안쳐놓은 압력밥솥의 가스 불을 켠 후 씻고 나왔다. 압력밥솥이 내지르는 요란한 소리에 엄마가 깼다. 피곤이 들러붙어 있는 엄마의 얼굴을 보자 긴장되던 마음에 침울함이 얹어졌다. 엄마는 냉장고 문을 열고 원래 있던 반찬을 꺼내 아침을 차려주었다. 밥은 늘 스스로 차려 먹었기에 엄마가 차려주는 밥상이 어색했다. 네모난 작은 찻상에 갓 지은 찰밥, 계란말이, 콩자반, 오징어젓갈이 놓여 있었다. 소화 잘되라고 찹쌀만 넣어 밥을 지은 건데 자꾸만 목에 걸렸다. 보온 도시락통에 반찬을 담으며 졸고 있는 엄마의 모습이 목을 메이게 했다.

　아버지의 뇌출혈 수술 후 엄마는 혼자서 모든 일을 감당했다. 여섯 식구를 먹여 살리느라 잠도 쉼도 부족한 상태였다. 아버지가 인생을 깨끗하게 세탁하고 새 삶을 사는 동안 엄마의 하루는 한 달처럼 바삐 흘렀다. 아버지와 함께하던 가게 일을 혼자 감당하고 어린 두 딸과 병든 남편을 돌보느라 몸이 남아나질 않았다. 잠은 언제나 부족했고 밥은 물 마시듯 후루룩 먹어 치웠다. 외출 한 번 제대로 하지 못하고 가족과 집에만 얽매여 사는 엄마였다. 어째서 엄마의 삶은 이토록 부대끼는 것일까. 엄마는 어떤 마음으로 매일을 살아내는 것일까. 하루 중에 잠시라도 웃는 순간이 있을까. 안타깝고 측은한 마음이 들다가도 이러다 엄마가 쓰러지면 우리 집은 어쩌나 하는 이기적인 마음이 불쑥 튀어나오기도 했다. 그런 생각을 한 날은 엄마에게 미안해져서 스스로에게 부담감을 지워줬다.

　'대학에 가면 장학금을 타고, 임용고시는 한 번에 합격해야 해.'

　엄마의 고된 날들을 누구보다 잘 알고 있던 나는 밥을 꼭꼭 씹어 눈물과 함께 삼켰다.

엄마는 도시락을 싸주고 부족한 잠을 청하러 방으로 들어갔다. 나는 가방을 메고 소파에 앉아 함께 가기로 한 친구의 연락을 기다렸다. 그때 잠에서 깬 아버지가 방에서 엉거주춤 걸어 나왔다. 그러고는 어둑한 거실에 혼자 앉아 있는 나를 멀뚱히 바라보더니 어눌한 말투로 물었다.

"화, 장, 실, 어디……."

23평 작은 아파트 안에서 화장실도 찾지 못하는 아버지를 보니 한숨이 흘러나왔다. 친구의 연락을 받고 집을 나서는데 화장실에서 볼일을 보고 나온 아버지가 물었다.

"어, 디, 가."

나는 아무런 대꾸도 하지 않고 문을 세차게 닫았다. 엘리베이터 버튼을 누르고 눈을 감았다. 울지 말자. 오늘은 중요한 날이잖아.

1층으로 내려가자 검은색 고급 승용차가 비상 깜빡이를 껌벅이고 있었다. 친구가 차창을 열어 나를 불렀다. 운전석에는 친구의 아버지, 보조석에는 어머니가 타고 있었다. 나는 뒷좌석에 친구와 함께 나란히 앉았다. 친구 어머니가 내게 물었다.

"아버지는 괜찮으시니?"

친구는 엄마를 타박했다.

"엄마, 그런 거 묻지 마. 시험 날 신경 쓰이게 왜 물어보는 거야."

나는 웃으며 괜찮다고, 데려다주셔서 감사하다고 말씀드렸다. 친구는 이게 뭘 감사할 일이냐며 시험이나 잘 보자고 내 마음을 살폈다.

차 안은 온기로 가득했다. 친구가 속한 가정은 말 그대로 '가족'이라는 단어가 잘 어울리는 따뜻한 곳이었다. 친구네 가족 틈에 어설프게 껴 있던 나는 조금 서글퍼졌다. 가족끼리 이루어지는 편안한 대화 속에 피어나는 웃음, 서로를 아껴주는 고운 마음이 묻어나는 따뜻한 눈빛, 든든한 아버지와 다정한 엄마가 쌓아 올린 안전한 울타리. 내가 절대 가질 수 없는 것들, 노력한다고 나아지지 않는 것들이 마음을 흔들었다. 푸르스름했던 아침이 점차 밝아오는데, 내 마음은 아직도 어둠에서 나오지 못하고 있었다.

* * *

무거웠던 마음과 달리 1교시 국어 영역에서 시간이 남을 정도로 시험이 가뿐하게 느껴졌다. 수학 영역은 여전히 진땀을 빼게 했지만 드디어 끝났다는 후련함에 아침보다 마음이 가벼웠다.

시험을 마치고 친구와 함께 교문으로 걸어갔다. 친구의 가족이 마중 나와 있었다. 뒤늦게 도착한 친구의 언니가 수고했다며 동생의 등을 쓰다듬어주었다. 시험에 대한 부담이 컸던 친구는 엄마와 언니 품에 안겨 어린애처럼 울었고, 나는 그 옆에 멀뚱히 서서 미소만 지었다. 자꾸만 눈물이 삐져나오려 해서 가만가만 나를 다독였다.

'안 돼. 여기서 울면 안 되는 거야. 웃어. 웃어야 해.'

집에 돌아갈 때도 친구네 차를 다시 얻어 탔다. 친구 부모님이 같이 저녁을 먹자고 청했지만 웃으며 정중히 사양하고 집에 돌아와 쓸쓸히 저녁을 먹었다. 엄마는 일하느라 바빴고, 수능이 뭔지 모를 만큼 어린 동생들은 그저 해맑았다. 내 가족에게서 위로 같은 걸 받는 건 너무나 어려운 일이었다. 밥을 먹고 나서 그릇을 씻고 수험표 뒤에 적어 온 답으로 가채점을 했다. 평소보다 잘 나온 성적에 놀라며 잠자리에 들었다. 예쁜 옷을 입고 뽀얗게 화장하고 팔 사이에 두꺼운 전공 서적을 낀 채 캠퍼스를 거니는 대학생이 된 나를 그려보았다. 친구들과 엠티를 가고 남자 친구와 데이트도 하는 평범한 대학 생활을 상상하다 보니 아침의 시린 서글픔이 걷히고 가슴께가 뭉근하게 데워지는 것 같았다.

 하지만 늘 그렇듯 그것도 잠시, 행복한 상상을 오래 하지 못하는 습관이 튀어나와 머릿속 장면을 휘저어 사라지게 했다. 대학에 갈 등록금이 우리 집에 있던가. 어떻게든 등록금은 마련할 수 있으니 걱정 말라던 엄마의 얼굴이 떠올랐다. 엄마는 어떤 방법으로 돈을 마련하려나. 그 방법이 엄마를 위험에 빠뜨리거나 자존심 상하게 하는 일은 아니었으면 좋겠다고 생각하며 어느새 쌀쌀하게 가라앉은 마음에 이불을 끌어 올려 덮었다.

나를 닮은 사람들

수능 시험 다음 날, 학교에 갔는데 반 분위기가 밝았다. 나만 성적이 오른 게 아니라는 걸 알 수 있었다. 대다수의 점수가 모의고사 대비 평균 30점 이상 잘 나온 상태였다. 물수능이었다. 담임 선생님은 좋아할 일이 아니라고 하셨다. 곧바로 원서를 쓰기 위한 상담이 시작되었다. 얼마 전 아버지가 쓰러지는 바람에 우리 집 사정을 알게 된 선생님께서 말씀하셨다. 안전하게 통학이 가능한 지방대 특차로 가는 게 어떻겠냐고. 나는 한 치의 고민도 없이 고개를 끄덕였다. 마음에 두었던 강남대는 써보지도 못하고 정시 친구들보다 앞서 특차 합격생이 되었다.

통학이 가능했던 충남권 대학에 다니며 나는 자주 수업을 빼먹고 학교생활을 허투루 했다. 날씨가 우중충해서, 기분이 좋지 않아서, 친구가 애인과 이별해서, 생리통이 심해서, 그냥 우울해서. 수업을 빼먹을 이유는 넘쳐났다. 스쿨버스를 타고 고속도로를 달리며 생각했다. 시내버스와 전철을 타고 통학할 만한 학교라면 얼마나 좋았을까. 특수교육과가 아닌 학교만 보고 원서를 썼더라면, 아버지가 쓰러지지 않았더라면 수도권 대학에 갈 수 있었을 텐데. 허황된 낙심만 했다.

원했던 전공인데도 매 수업 시간 맨 뒷자리에 앉아 창문만 바라보며 공허한 마음을 더욱 넓혀갔다. 시험 때만 바짝 공부해서 겨우 중간 학점을 유지했다. 입학 당시에 품은, 지방대니깐 장학금 받기 쉬울 거라는 자만은 한 번도 장학금을 받지 못하고 졸업하는 민망한 결과를 만들어 냈다. 지질함과 오만함으로 똘똘 뭉친 대학 생활이었다. 엄마가 어렵게 마련한 등록금이라는 사실을 그새 잊어버리고 학교생활이 아닌 다른 것들에만 관심을 두기도 했다. 성당 주일학교 봉사를 열심히 했고, 기도 모임에 다니고,

그것도 모자라 어느 날은 수녀가 되겠다고 선포해서 엄마를 기함하게 했다.

방황을 멈추고 정신을 차린 건 3학년 가을이 되면서부터였다. 함께 어울려 다니던 친구들에게 형태는 다르지만 나와 비슷한 상처가 있다는 걸 알게 된 날, 혼자가 아니라는 생각에 친구들에게서 강한 동지애를 느꼈다. 평화로워 보였던 친구들에게도 말하지 못한 아픔이 있다는 건 내 상처에 보편성을 부여해주었다. 나만 아픈 거 아니구나. 모두 아픈 거구나. 어쩐지 조금은 상처가 가벼워지는 것 같았다.

* * *

그날도 우리는 마지막 교시의 교양 수업을 빼먹고 일찍 학교를 나왔다. 수원에 도착해 스쿨버스에서 내리며 서로 잘 가라고 인사하던 중 문득 연희가 말을 꺼냈다.

"간단히 맥주나 한잔하고 갈까."

나와 윤지는 고개를 끄덕였고 앞장선 연희를 따라 지하의 좁은 계단을 내려가 작은 문을 열었다. 낮은 천장의 어두침침한 가게에서 재즈 음악이 나른하게 들려왔다. 각양각색의 병맥주가 저마다의 자태를 뽐내며 우리를 반겼다. 처음 보는 광경에 눈이 휘둥그레졌다. 곡선의 병에 든 술을 보는 것만으로도 황홀해서 마시기도 전에 취하는 듯 아찔했다. 연희는 촌스럽게 굴지 말라며 옆구리를 쿡쿡 찔렀다. 버드와이저와 케이지비 그리고 크루저를 손에 쥐고 깔깔거리며 웃던 우리는 가난한 대학생이었으므로 한 병으로 흥만 돋우고 그곳을 나와 저렴한 술집으로 자리를 옮겼다. 소주병이 하나둘 비워지고 연희는 술의 힘을 빌려 윤지를 다그쳤다.

"너, 왜 자꾸 학교 빠지는 건데? 전화도 제대로 안 받고, 무슨 일인지 말도 안 해주고. 오늘은 내가 무슨 설명이라도 꼭 들어야겠어!"

연거푸 소주 두 잔을 입에 털어 넣은 윤지는 잠시 망설이다가 별일 아니라며 운을 뗐다. 남 얘기하듯 자신의 상황을 담담히 꺼내놓았다.

윤지는 나처럼 가정 폭력 환경에서 자랐다고 했다. 다행인지 불행인지 윤지의 아버지는 일찍 돌아가셨고 오랜 시간 엄마 혼자 가족의 생계를 책임지고 있었다. 생활은 순탄하지 않아 삶을 위협하는 여러 고비가 찾아왔다. 그때마다 윤지는 죽을힘을 다해 버텼다. 장녀인 윤지는 엄마에게 짐이 되고 싶지 않아서 매 학기 등록금을 내기 위해 사채를 썼고, 그걸 갚기 위해 수업을 마치면 새벽까지 일을 했다. 윤지의 잦은 지각과 결석, 나랑 연희 둘만 두고 바쁜 걸음으로 멀어져가는 윤지의 뒷모습을 그제야 이해할 수 있었다. 벌건 눈으로 애써 눈물을 참으며, 자신은 괜찮다고, 어떻게든 졸업은 할 생각이니 걱정하지 말라는 윤지의 말이 가슴을 더욱 미어지게 했다. 나는 윤지의 어른스러움이 싫었다. 고작 스물둘의 윤지에게서 우리 엄마의 모습이 보여 가슴이 아렸다. 그러지 말자고, 왜 우리가 이렇게 살아야 하냐고, 철없이 살자고 소리치고 싶었다. 하지만 그 말은 소리가 되어 나오지 못했다.

윤지의 말이 끝나고 잠깐의 침묵이 흘렀다. 이번엔 연희가 깊은숨을 내쉬며 입을 열었다.

"우리 아빠는 말이지……"

연희네도 우리 집과 다르지 않았다. 연희는 폭력 환경에서 방치된 채 엄마의 엄마가 되어 사랑 대신 우울을 먹고 자랐다. 의사 표현이 확실하고 강해 보였던 연희의 겉

모습은 자신의 취약성을 가리기 위한 가면이었을 것이다. 부모에게 받은 상처가 감당되지 않았던 만큼 타인에게 상처받지 않으려고 방어하는 모습일 수도 있겠지. 내가 착함을 선택한 것처럼, 연희도 자신만의 방법을 찾아 꾸역꾸역 살아내는 중이었다. 벌게진 코를 닦으며 울고 있는 연희가 안쓰럽기만 했다. 그날 연희의 여린 마음을 맞닥뜨린 덕에 나는 훗날 연희가 잠시 나에게 차갑게 굴던 시간을 조용히 기다려줄 수 있었다.

다음은 내 차례였다. 나는 눈물이 섞여 뭉개진 말로 나의 20년을 더듬더듬 들려주었고, 우리는 서로 닮은 친구들을 처연하고 애틋한 눈으로 바라보며 그저 울었다. 그것 말고는 할 수 있는 게 아무것도 없었다. 우리의 이런 모습을 부모님이 보게 된다면, 그까짓 일로 눈물이나 짜고 있다며 자식의 감정과 상처를 술주정으로 치부하고 말겠지. 정작 자식의 이야기를 온전히 들어주고 같이 울어줘야 할 사람은 누구보다도 부모님이어야 했는데.

술에, 고백에 그리고 아픔에 취해 있었던 스물두 살의 어느 가을. 들키지 않으려 애쓰며 살아가고 있던 내 모습을 친구들에게서 봤던 날. 나는 그날이 조금도 아프게 기억되지 않는다. 친구들의 눈물에 상처가 희석되어 조금이나마 옅어졌고, 옅어진 상처 덕분에 좀 더 힘을 내보고 싶은 마음도 생겼기 때문이다.

친구들과 만나 삶을 나눌 때면 잘 자라준 친구들이 기특해서, 우리가 울지 않고 웃을 수 있어서 코끝이 찡해진다. 친구들에게서 초가을의 선선한 바람이 느껴져 지그시 미소 짓게 된다. 삶은 고통의 연속이라는 어느 철학자의 말처럼, 앞으로의 날들에 또 다른 시련과 아픔이 더해지겠지만, 오래전 그날처럼 서로의 가슴에 고여 있는 눈물을 조금씩 닦아주며 끝끝내 해피엔딩의 삶에 이르길 바란다.

사진 속 숨겨진 장면

어릴 적 〈이홍렬 쇼〉라는 티브이 프로그램을 재미있게 보았다. 개성 있는 외모와 재치 넘치는 입담을 가진 개그맨 이홍렬 씨가 진행하던 토크쇼다. 어느 날 이홍렬 씨가 특별한 가족 행사를 소개했는데, 바로 결혼기념일마다 가족사진을 찍는다는 것. 공개한 사진 속에는 부부가 함께 나이 드는 모습, 자녀가 성장하는 과정이 고스란히 담겨 있었다. 사진을 보는 것만으로도 벅찬 감동이 몰려왔다. 부러웠다. 나도 저런 가정에 속한 아이이고 싶었다. 그리고 결심했다. 결혼하게 된다면 이홍렬 아저씨처럼 결혼기념일마다 사진을 찍어야겠다고.

* * *

대학을 졸업하고 교사로 지내다 결혼한 지 1년쯤 되었을 때, 불현듯 나는 아프기 시작했다. 결혼을 통해 그토록 벗어나고 싶었던 집을 떠나 자유로워졌는데 막상 그 공간을 떠나자 불안감이 몰려왔다. 엄마의 신변에 문제가 생길 것만 같은 공포에 휩싸이고 오래전 엄마를 때리던 아버지의 폭행 장면이 어제 일처럼 불쑥 튀어나와 괴로웠다. 밤이 되면 더 심해져서 자다 말고 일어나 주먹으로 가슴을 내리치며 울었다. 가슴속에 남아 있는, 지워지지 않는 형상들을 모두 깨부수고 싶었다. 자는 것도 먹는 것도 어려운 일이 되었다. 누우면 숨이 막혀서 벌떡 일어나 앉아 숨을 몰아쉬었다. 앉아서 쪽잠을 자거나 밤을 새우고 출근하는 날이 늘어갔다. 무언가 먹으면 절반은 게워냈고, 이유도 없이 눈물이 줄줄 흘렀다. 나는 주인에게 방치된 화분 안의 화초처럼 시들어갔다. 순식간에 삶이 바스러졌다. 남편은 내게 조심스레 정신과 상담을 권유했다.

결국 첫 번째 결혼기념일 사진을 찍던 날, 처음으로 정신과에 갔다. 낯선 곳, 병원, 그중에서도 정신과. 죄짓고 끌려온 사람처럼 몸도 마음도 움츠러들었다. 남편 팔을 꽉 붙들고 대기실에 앉아 차례를 기다렸다. 조심스러운 눈빛으로 공간을 살폈다. 은은한 아로마 향, 낮게 울려 퍼지는 명상 음악, 벽에 붙어 있는 좋은 글귀. 마음을 안정시켜주고자 만든 환경임에도 긴장은 좀체 풀리지 않았다.

잠시 뒤 이름이 불리고 남편과 함께 진료실에 들어갔다. 의사는 이름과 나이, 가족관계 등을 물어 신상 파악을 하며 초진 차트를 작성했다. 그때까지만 해도 울지 않았다. 목소리가 살짝 떨리긴 했지만, 또박또박 말할 수 있었다. 그러나 잠시 후 과거의 이야기를 꺼내놓는 순간이 되자 처음 보는 의사 앞에서 목 놓아 울었다. 엄마를 때리던 아버지를 언급하며 분노에 찬 눈물을, 불쌍하지만 버거웠던 엄마를 떠올리며 죄책감과 원망 섞인 서러움의 눈물을 흘렸다. 지금의 행복에 대해 의심하고, 일어나지 않은 비극적 상황에 대한 불안 같은 것들을 토로하며 쉬지 않고 울었다. 하나의 아픔은 또 다른 아픔에 펌프질을 해대며 감정을 키웠다.

"아버지가 쓰러진 지 10년이 넘었고 폭력도 없는데 갑자기 제가 왜 이렇게 된 거죠? 다 끝난 일인데, 왜 저는 아직도 그 시간에서 나오지 못하고 아픈 거예요? 먹을 수도, 잘 수도 없어요. 너무 힘들어요."

"마음의 상처는 그냥 둔다고 나아지지 않아요. 사람의 기억처럼 시간이 지난다고 흐려지는 게 아니에요. 우리 안에 잠복하고 있다가 삶 곳곳에 마찰을 일으킵니다."

의사의 말을 듣고 있자니 여전히 과거에서 벗어나지 못하고 있는 게 억울하고 화가 났다. 흐느끼던 울음에 악이 더해지며 몸을 부들부들 떨었다. 격해진 감정 탓에 상담이 잠시 중단되었다. 따뜻한 물을 마시며 마음을 추슬렀다. 의사의 권유로 남편은 진료실을 나갔고, 나는 혼자 문장 완성 검사를 비롯한 여러 검사를 진행했다. 검사지에 무언가 쓰고 체크하면서도 눈물이 멈추지 않았다. 검사지에 적힌 질문 하나하나가 왜 그렇게 가슴을 후벼 파던지. 테이블 위에 구겨진 티슈가 한가득 쌓여갈 때쯤 그날의 상담과 검사가 끝이 났다.

의사가 내게 말했다. 더 일찍 병원을 찾았으면 좋았겠다고. 30년 동안 아팠던 마음을 완전히 치유하려면 똑같이

30년이 걸린다며 안타까워했다. 나는 낙담하며 되물었다.

"30년이요? 앞으로 30년을 이렇게 살아야 한다고요?"

돌아온 대답은 나를 좌절케 했다. 30년은 최소한의 시간일 뿐, 그 이상의 시간이 필요할 수도 있으며, 누군가는 죽을 때까지 과거의 상처에서 벗어나지 못한다고. 소름 끼치도록 무서운 말이었다. 허탈한 숨이 훅 튀어나왔다. 다음 진료를 예약하고 병원을 나왔다. 불면과 불안의 시간을 30년간 지속해야 한다고 생각하니 막막하고 암울했다. 결혼기념일 사진을 찍으러 가면서 계속 눈물을 닦아냈다.

그날 밤 처음으로 수면제를 먹고 일찍 잠이 들었다. 다음 날 아침에 일어났을 때 꽤 오랜 시간 몽롱함을 느꼈다. 개운한 잠은 아니었지만, 잠들 수 있다는 것만으로도 만족스러워하며 일주일 뒤에 있을 진료 때까지 매일 밤 수면제를 먹었다. 목구멍을 타고 내려가 내 몸에 번져가는 작은 알약을 느끼면 신기하고도 섬뜩했다. 손톱만 한 백색의 알약 하나가 이토록 쉽게 사람을 잠재울 수 있다니. 수면제로 잠을 청하는 매일 밤, 벽에 걸어놓은 결혼기념일 사진을 바라보며 생각했다. 나도 이홍렬 아저씨처럼 여러 장의 결혼기념일 사진을 남길 수 있을까.

분노 뒤에 가려진 두려움

"수경 님은 분노가 많은 사람입니다. 어린 시절 아버지의 폭력에 기인한 공포와 노이로제 증상은 시간이 지나 분노로 나타나지요. 오랫동안 아버지에게 품었던 분노는 애석하게도 이제 자신을 향해 표출되고 있습니다. 수경 님 안에 있는 분노의 크기가 거대해요. 그래서 언제라도 자기 자신을 놓아버릴 수 있는 사람이에요. 그럴 준비가 되어 있는 사람, 스스로를 파괴해버릴 수 있는 사람이죠. 수경 님이 여자여서, 술을 많이 안 마시는 사람이어서 다행이에요. 술을 많이 마시는 사람이거나 남자의 경우 문제가 심각해집니다. 이런 병을 아무도 이해할 수 없습니다. 가족이나 남편 역시 이해하기 어려워요. 상담 때마다 남편이 많이 이해해준다고 말하지만, 제가 보기에 그런 것 같지 않습니다. 남편은 그저 수경 님을 자극하지 않으려 노력하는 것뿐입니다. 이해하지 못하는 게 당연해요. 겪어보지 않은 사람은 이해 자체가 어려워요.

수경 님은 본인이 하고자 하는 일에 태클이 걸리면 분노가 심해집니다. 참을 수 없죠. 어떻게든 자기 뜻대로 하긴 하지만 그 과정에서 자신을 파괴하는 행동을 하게 되므로 자제해야 합니다. 정상적인 방법으로 목적을 관철해야 합니다. 앞으로 도피하고 싶을 때는 제게 말하세요. 그럴 수 있도록 적당한 약을 처방해줄 겁니다. 일부러라도 도피해서 휴식을 취해주는 것이 필요해요. 일상이 불안에 찌들어 있습니다. 그저 안타깝습니다."

분노가 많다는 의사의 말에 나는 동의한다. 그러나 지인들은 의아해할 것이다. 순하고 착해 보이는 나에게 분노는 어울리지 않는 단어일 테니.

아버지의 폭력과 엄마가 씌어놓은 착한 아이 굴레는 내 마음을 병들게 했다. 참혹했던 폭력의 장면은 머리에서 지워지지 않았고, 아무도 살펴주지 않는 불안한 마음은 방치되었다. 마음에 이는 부정적 감정을 혼자 삼키고 참아내야 했다. 들어내지 못한 감정들은 시간이 지난다고 옅어지거나 사라지지 않았다. 오히려 더 단단히 뭉쳐 가슴에 박혀버렸다.

결혼하며 부모님 곁을 떠나게 되자, 오랜 기간 쌓인 감정의 퇴적물이 분노로 탈바꿈해 모습을 드러냈다. 과거의 기억으로 마음이 힘든 날은 허공에 대고 욕을 했다.

"××! 꺼져! 다 꺼져버리라고!"

생전 해보지도 않은 욕이 방언처럼 튀어나왔다. 종이에 아버지 이름을 써놓고 글자가 보이지 않을 때까지 볼펜으로 난도질하며 분노를 터뜨렸다. 때로 나의 분노 대상은 남편이 되기도 했다. 남편이 작은 것 하나라도 내 뜻을 거스르면 감당할 수 없는 화가 치밀어 올랐다. 시댁과 나의 의견이 대립할 때 남편은 둘 사이를 조율하려 애썼지만, 나에게 필요한 건 조율이 아니라 무조건적인 수용과 지지였다. 남편이 조금이라도 내 편에 서지 않으면 버려진 기분이 들어 비참했다. 나를 사랑하지 않아서 그런 거라고 단정 지었다. 커다란 외로움이 가슴 깊숙이 밀고 들어왔다. 그런 날에는 내 몸에 상처를 냈다. 샤워 중에 들고 있던 샤워기로 이마를 쾅쾅 내리쳤다. 이마가 욱신거리고 피멍이 번지고 나서야 마음이 진정되었다. 커터 칼 등으로 죽지 않을 만큼만 팔을 그어댔다. 빨간 사선이 생기고 작은 핏방울이 방울방울 맺히는 모습을 보며 스스로 더 큰 아픔에 빠져들었다. 뾰족한 것만 보이면 내 몸을 찌르고 싶은 충동이 일었다. 남편에 대한 화는 곧 나 자신에게 상처를 내는 일로 표출되었다. 차라리 보통의 부부들처럼 말다툼하거나 서운함을 표현하면 되는데, 그럴 수 없었다. 분노 뒤에 숨어 있는 두려움 때문이었다. 남편이 나를 싫어하게 될까 봐, 착하게 굴지 않는 내가 버림받을까 봐 겁이 났다. 어린 시절 사용하던 방어기제가 여전히 남아 있었다.

내가 낸 내 몸의 상처를 보면서 아버지가 엄마 몸에 남겼던 상처를 떠올렸다. 검푸르게 멍든 몸, 찢어진 얼굴, 피를 머금은 입술. 내 몸에 상처를 낸 건 내가 아닌 부모님이라고, 이렇게 된 건 부모님 때문이라고 억지 부리며 원망했다. 원망은 나를 지탱하기 위한 쉬운 해결책이었다. 사람과의 관계가 어그러졌을 때, 일이 뜻대로 되지 않을 때, 비겁하거나 잘못된 선택을 했을 때, 모든 일의 결과와 책임을 원망 하나로 끝낼 수 있었다. 내 불우한 환경 때문이라고. 부모님 때문이라고.

* * *

일주일에 한 번씩 병원에 가서 상담하고 약을 처방받았다. 내가 진단받은 병명은 조울증, 강박장애, 불안장애였다. 치료 초반에는 우울증이라 진단받았는데, 몇 개월 지났을 때 우울증에서 조울증으로 병명이 변경되었다. 많게는 하루에 열 개의 알약을 먹었다. 다양한 병명에 따라 먹어야 하는 약의 종류도 많았다. 알약을 한꺼번에 삼키지 못해서 물과 함께 한 알씩 삼키다 보면 약만 먹어도 배가 불렀다.

나에게는 특이한 버릇이 있었다. 깨어 있는 동안 쉴 새 없이 머릿속으로 숫자를 셌다. 또각또각 채소를 썰며 하나, 둘, 셋……. 세탁기에서 빨래를 꺼내며 하나, 둘, 셋, 넷……. 계단을 오르며 하나, 둘, 셋, 넷, 다섯……. 운전할 때는 도로의 자동차 번호판을 외우면서 다녔다. 병원에 가기 전까지 그것이 강박장애 유형의 하나라는 것을 알지 못했다. 의사는 숫자 세기가 불안을 해소하기 위한 강박 행동이라고 설명했다.

　강박 증상의 여러 유형 가운데 오염에 대한 염려도 있었다. 정리 정돈을 잘하거나 주변을 청결하게 유지하는 건 아니었지만 손을 자주 씻었다. 더욱이 입으로 들어가는 음식물의 청결도에 극도로 예민했다. 설거지해놓은 식기를 다시 헹궈서 음식을 담았고, 식재료를 손질할 때는 몇 번이고 반복해서 씻느라 계속해서 물을 틀어놓았다. 요리하면서도 수시로 손을 씻었다. 그러다 보니 한 끼를 준비하는 데 엄청난 시간과 에너지가 소모되었다. 요리 한 번 하고 나면 기진맥진해서 소파에 픽 쓰러지곤 했다. 먹는 일이나 오염은 생존과 밀접한 관련이 있다는 걸 역시 상담을 통해 알게 되었다. 의사는 어린 시절 안전하게 보호받지 못하면서 생존 욕구가 채워지지 않아 보통의 사람들보다 내가 예민한 거라고 했다.

　강박 행동은 몸을 피곤하게 할 뿐 크게 불편하거나 힘들지는 않았다. 문제는 강박 사고였다. 불현듯 머리에서 펼쳐지는 불행의 순간은 급속도로 나를 집어삼켰다. 형체 없는 사건 사고에 질식할 것처럼 숨이 막혔다. 자동차 사고, 화재, 자연재해, 살인 같은 일들이 나와 남편에게 일어날 것만 같아 불안했다. 죽음에 대한 공포였다. 이 또한 생존 욕구와 직결되어 있었다.

결혼 전까지는 엄마가 죽을까 봐 걱정하며 살았다. 어린 시절, 학교에 있는 동안 엄마가 나를 버리고 집을 떠나면 어쩌나, 죽어버리면 어쩌나 걱정하느라 수업에 집중하지 못하는 날이 많았다. 하교 후에 옷장을 열어 보며 엄마 옷가지들이 있는지 확인하는 습관도 있었다. 중고등학생이 되어서도 마찬가지였다. 1박 이상의 수학여행을 가거나 운동을 마치고 늦은 시간에 귀가할 때면 내가 집에 없는 사이 엄마에게 무슨 일이 생겼을까 봐 초조했다. 불안이 극에 달할 때는 집에 몰래 전화해서 엄마 목소리를 확인하고 재빨리 끊어버리기도 했다. 한번은 아버지가 내 전화를 먼저 받는 바람에 엄마가 받을 때까지 계속 전화하다가 아버지에게 호되게 욕을 먹은 적도 있다. 아버지는 장난 전화하던 사람이 딸이었을 거라고는 전혀 생각지 못했을 것이다.

결혼하자 강박의 대상이 남편에게로 옮겨 갔다. 나는 남편이 죽을까 봐 시도 때도 없이 걱정했다. 자다 말고 일어나 남편이 숨 쉬고 있는지 확인하고, 전구를 가는 남편 옆에서 감전이라도 될까 싶어 가쁜 숨을 쉬며 안절부절못했다. 남들은 쉽게 말했다. 그런 생각은 하지도 말고 좋은 생각만 하라고. 운동을 하거나 취미생활을 하며 다른 것에 몰두해보라고. 하지만 비합리적 사고는 내 의지대로 조절할 수 없었다. 그건 내가 하는 '생각'이 아니라 당장 일어나고 있는 '현실' 그 자체로 느껴졌다. 공황장애를 겪는 사람들이 이야기하는 죽을 것만 같은 순간의 공포를 조금이나마 이해할 수 있었다.

대부분의 강박적 사고는 혼자 있는 시간에 일어났다. 특히 남편이 퇴근하는 시간에 극대화되었다. 저녁 여섯 시 반에 집에 도착하는 남편이 5분이라도 늦으면 나는 무너졌다. 남편의 신변에 문제가 생겼다는 과도한 생각은 나를 공포로 몰아갔다. 아무것도 못 하고 굳어져 거실 한복판에 서 있다가 문 여는 소리가 들리면 크게 안도하며 주저앉고는 바닥에 엎드려 펑펑 울었다.

의사의 진단에 따르면, 나는 힘이 부족한 사람이었다. 신체적 힘이 아닌 내면의 힘 말이다. 몸만 자랐지 아직 어린아이고, 심지어 12세 미만 아이들에게서 보이는 분리불안 증세가 여전히 남아 있다고 했다. 내 머릿속에 '엄마가 없으면 나는 살 수 없어'라는 비합리적인 공식이 자리 잡고 있었는데, 결혼하면서 그 공식이 수정되어 엄마의 자리에 남편이 들어가게 된 것이다. 의사는 이것이 사랑과는 별개의 문제라고 했다. 엄마든 남편이든 내가 그들을 끔찍이 사랑해서 그들의 안전을 걱정하는 게 아니었다. 나를 보호해줄 사람이 사라진다는 것에 대한 불안과 공포였다.

부끄러웠다. 서른이나 된 내가, 아이들을 가르치는 선생이 이토록 자라지 못한 마음으로 살고 있다니. 누군가를 가르칠 자격이 나에게 있을까. 엄마가 될 수 있을까. 자기 자신도 책임지지 못하면서 아이를 낳아 제대로 키울 수 있을지 두려웠다.

사라진 하루의 기억

그날 나는 출근 중이었다. 2월의 첫 주였고, 차가운 공기가 쓰라릴 만큼 시린 날이었다. 시내버스 맨 뒷좌석에 앉아 창밖을 바라보았다. 꽁꽁 얼어붙은 논바닥, 생명이라고는 느낄 수 없는 차디찬 공기, 초록을 잃은 메마른 풀들을 보는데 어떤 슬픔이 온몸을 휘감았다. 저들이 다시 푸른빛을 띨 수 있을까. 두껍고 버석한 땅을 뚫고 나와 여린 몸을 일으킬 수 있을까. 봄이 되면 따뜻한 공기가 대지를 데우고 싹을 틔운다는 것을 알면서도, 나는 계절의 순환을 한 번도 경험한 적 없다는 듯, 아무것도 모르는 듯 애처롭게 바라보기만 했다. 희망이 보이지 않았다. 황량한 그 계절이 꼭 내 모습 같았다. 버스의 혹한 히터 열기 속에서도 몸이 떨려왔다.

학교에 도착했다. 온몸에 눈물을 두르고 교실에 다다랐다. 아무도 없었다. 자리에 앉아 A4 용지를 꺼냈다. 처음 써보는 유서였지만 의외로 아무렇지 않았다.

[업무 때문은 아닙니다. 개인적인 일 때문입니다. 죄송합니다.]

내가 남겼던 마지막 말은 간결했다. 나로 인해 학교 관계자들이 의심받고 조사받지 않기를 바랐다. 죽으면서까지 누군가에게 폐를 끼치고 싶지 않은 마음이었다. 유서를 접어 키보드 밑에 넣었다. 잠시 후 함께 교실을 사용하는 선생님이 출근했다. 선생님에게는 몸이 아파서 조퇴한다고 말하고 학교를 나왔다. 복무 결재도 없이 무단으로.

울면서 집으로 가는 버스에 올라탔다. 마지막 눈물임을 장담하며 원 없이 흘려보냈다. 버스에 타고 있는 사람들이 나를 힐끔거렸다. 대수롭지 않았다. 어차피 내게는 마지막 날이니까. 집에 도착한 나는 집 안의 모든 잠금장치를 걸어 잠갔다. 3중 잠금으로 된 현관문은 물론, 거실 베란다와 보일러실의 작은 창문까지 모두 잠갔다. 누구도 나를 구하러 들어오지 못해야 했다. 깨끗한 속옷으로 갈아입고 좋아하던 원피스를 입었다. 남편 몰래 모아두었던 약을 꺼내 모두 삼켰다. 그러고는 침대에 누웠다. 거실 탁자 위에는 울면서 쓴 마지막 인사말이 남겨져 있었다.

[형준아, 내 친구이자 남편. 너에게 너무 미안해. 나 같은 사람 만나서 고생 많았지. 내가 떠나감에 너는 자책하고 힘들어하겠지만 부디 조금만 아팠으면 좋겠어. 정말 미안해. 그리고 사랑해. 내가 세상에서 제일 사랑한 너를 힘들게만 한 것 같아서 늘 미안했어. 이젠 너에게 그만 상처 주고 싶어. 미안해. 끝없이, 한없이 미안해. 추한 모습 많이 보여주고 떠나서 속상하다. 미안해. 미안해. 내 뒷모습을 깨끗이하고 떠나야 하는데 그러지 못했어. 형준아, 자책하지 마. 이 모든 것은 나 때문이고 내 선택이야. 이제 모두 내려놓고 편해지고 싶어. 미안해. 고마웠어.]

[엄마, 키워주셔서 감사해요. 자식이 먼저 떠남이 얼마나 큰 불효인지 알지만 그래도 이제 모든 것 내놓고 편히 가고 싶어요. 우리 엄마, 미안해.]

[동생들, 미안해. 엄마 잘 부탁해.]

종종 뉴스에서 자살 소식이 전해지면 엄마는 냉소적인 말투로 말했다.

"죽을 용기로 살면 되지. 힘들어서 죽을 것 같으면 세상 사람 다 죽지."

늘 죽음을 품고 살았던지라 엄마가 하는 말을 그냥 지나칠 수 없었다. 자살은 용기가 있어야 하구나. 그동안 나는 용기가 없어서 죽지 못했구나. 그러나 유서를 쓰고 약을 먹던 날, 나에게 용기 같은 건 없었다. 며칠 전부터 죽음을 계획한 것도, 특별한 사건이 있던 것도 아니었다. 그저 지쳐 있었다. 더는 아무것도 하고 싶지 않았다. 오늘 죽어야겠다는 결심은 순식간에 이루어졌고 유서를 쓰면서 무섭거나 두렵지도 않았다. 가족들에게 미안했지만, 그런 감정 또한 지겹게 느껴졌다. 한시라도 빨리 나를 멈춰버리고만 싶었다. 약을 몽땅 털어 넣고 침대에 누웠을 때는 오히려 편안하기까지 했다. 아, 이제 끝이구나. 그래, 끝이야.

* * *

정신을 잃은 나는 응급실에 실려 가 위세척을 하고 다음 날 저녁에 깨어났다. 그러나 깨어나자마자 엄마를 보고 발악하는 바람에 안정제를 맞고 다시 잠들 수밖에 없었다. 얼마 뒤 다시 눈을 떴을 때는 친한 동생의 얼굴이 보였다. 동생은 링거 바늘이 꽂혀 있는 가느다란 내 손목을 붙잡고 눈물을 글썽였다.

"언니, 손목이 이게 뭐예요."

나는 말라 있었다. 40킬로그램을 겨우 넘긴 상태였다. 정신과 약 때문인지 신경 쇠약 때문인지, 밥을 먹어도 살이 찌지 않았다. 동생이 돌아가고 어두운 병실에 누워 천장만 바라보았다. 벌거벗은 채 차가운 강물 위에 떠 있는 듯 몸이 파들파들 떨렸다. 금방이라도 강바닥으로 쑥 빨려 들어갈 것만 같았다. 내가 죽으려 했다는 것도, 살아 있다는 것도, 이 모든 것이 믿기지 않았다.

내게 아버지나 다름없었던 동네 태권도 관장님이 보고 싶었다. 남편을 붙잡고 관장님을 불러달라고 애원했다. 늦은 시각이었지만 남편은 실례를 무릅쓰고 관장님께 연락했다. 눈 내리던 한밤중, 관장님은 한 치의 고민도 없이 병원으로 달려왔고 나는 아무도 없는 불 꺼진 1층 로비에서 관장님을 만났다. 관장님을 뵙자 설움에 북받치는 눈물이 쏟아져 나왔다.

"너무 힘들었어요."

차가운 바닥에 주저앉아 아이처럼 엉엉 울었다. 관장님은 한참을 아무런 말 없이 그저 가만히 있었다. 그리고 내 울음이 잦아들었을 때 흔들리지 않는 굳건한 눈빛을 보내며 담담히 이야기했다.

"수경아, 너는 참 용기 있는 사람이구나. 잘했다. 괜찮아."

내가 용기 있는 사람이라고? 이게 잘한 거라고? 머리로는 이해할 수 없었지만, 마음으로는 알아차렸다. 관장님은 나를 지지해주고 있었다. 그게 무엇이든 그럴 만했다고, 그게 맞다고 편 들어주었다. 내 편에 서서 내가 무너진 마음을 다시 쌓아 올릴 수 있도록 힘을 보태주었다. 큰일을 저지르고 감당할 수 없는 불안에 휩싸인 내게 필요했던 건 질책도 추궁도 아닌 그저 온전히 끌어안아주는 마음뿐이라는 걸 관장님은 알았던 걸까.

관장님과 헤어지고 병실로 올라가 또다시 안정제를 맞았다. 그리고 다음 날 퇴원했다. 남편의 부축을 받으며 우리가 살던 아파트 302호 앞에 섰다. 선뜻 집에 들어가지 못했다. 두꺼운 현관문에 주먹만 한 구멍이 뚫려 있었다.

아마도 사고 연락을 받고 달려온 구급대원들이 뚫어놓았을 것이었다. 구멍을 한참 바라보았다. 이 구멍이 나를 살리려 뚫은 구멍이구나. 집주인에게 사과하고 주인이 원하는 가장 좋은 문으로 교체했다. 사과도 문을 교체하는 일도 모두 남편이 처리했다. 나는 남편 뒤에 숨었다. 숨어 있으면 아무도 나를 보지 못할 거로 생각했는데, 다른 이들에게 나는 예전보다 더욱 선명한 존재가 되어 있었다.

내가 죽으려 했던 날, 아파트는 발칵 뒤집어졌다. 대낮에 소방차와 구급차, 경찰차가 요란한 소리를 내며 단지 안으로 들어왔기 때문이다. 나는 무수한 소문의 주인공이 되었고, 그해 여름 우리는 그곳을 떠나야 했다. 남편과 손을 맞잡고 신혼집을 보러 다니고, 전세 계약을 하고, 하나둘 살림을 들이며 앞으로의 날들에 희망을 품었던 찰나의 시간이 스쳐 지나갔다. 소꿉놀이하듯 밥을 차리고, 와인을 마시며 밤새워 영화를 보고, 남편 등에 업혀 보물찾기 놀이를 하던 웃음이 배어 있는 집. 짧게 웃고 길게 울었던 다시 오지 않을 우리의 신혼이 애틋하기만 했다. 나 때문이야, 내가 다 망쳤어. 해봤자 소용없는 말만 가슴속으로 중얼거리며 뒤돌아 나왔다.

곁을 지키는 일

한창 정신과 치료를 받던 시기에 나는 툭하면 밤을 새우곤 했다. 약을 먹어도 잠이 오지 않는 날에는 서재에 가서 무언가를 쓰거나 학창 시절의 추억이 담긴 편지를 꺼내 읽었다. 쓰면서 마음을 털어내고, 읽으면서 빈자리를 채웠다.

그럴 때 남편은 잠결에 옆자리를 더듬다가 아무것도 잡히지 않는 휑한 감각에 소스라치며 일어나 밖으로 나갔다. 어둠을 뒤집어쓴 거실에 오도카니 서서 서재 문틈으로 흘러나오는 빛을 응시했다. 서재를 향해 천천히 걸어갔다. 단번에 문을 열지 못하고 머뭇거렸다. 손에는 땀이 흥건했다. 입술이 입안으로 말려 들어간, 핏기 없는 얼굴로 침대에 누워 있던 내 모습을 기억하고 있기 때문이다.

서재에서 인기척이 느껴지면 남편은 비로소 가슴을 쓸어내렸다. 서재 문을 열고, 약은 먹었는지, 컨디션은 괜찮은지 물었다. 나는 애써 웃으며 걱정하지 말고 자라고 남편을 돌려보냈다. 남편은 졸린 듯 눈을 비비는 시늉을 하며 침실로 돌아갔다.

그렇게 남편이 자는 줄로만 알았는데 나중에 들은 이야기로 남편은 내가 돌아올 때까지 잠을 이루지 못했다고 한다. 나의 자살 시도 후 언제 또 그런 일이 있을지 몰라 늘 침실 밖으로 귀를 기울이고 있었다는 것이다.

* * *

그날도 남편은 잠결에 옆자리를 더듬었고 손에 아무것도 잡히지 않아 번뜩 일어났다. 거실로 나가 시간을 확인해보니 새벽 세 시. 어느 방에서도 불빛은 새어 나오지 않았다. 집 안의 모든 문을 열고 나를 찾았다. 베란다와 보일러실, 좁은 수납공간의 문까지 열어봤지만, 어디에도 없었다. 내

핸드폰만 거실 탁자 위에 덩그러니 놓여 있었다. 놀란 남편은 밖으로 나가 아파트 단지를 뛰어다니며 나를 찾았다. 고요한 새벽이 무섭도록 시렸다.

아무 일도 없기를 바라며 큰길까지 나왔을 때, 내 목소리가 들렸다. 누군가와 싸우는 듯한 상황이었다. 소리가 나는 곳으로 급히 달려갔다. 텅 빈 4차선 도로 위 한가운데 잠옷 차림의 내가 서 있었다. 남편이 천천히 내게 다가갔을 때 나는 손을 꽉 움켜쥐고서 부들부들 떨고 있었다. 하늘을 향해 악을 쓰고 평소 하지도 않는 온갖 욕설을 내뱉으며, 있는지 없는지 모를 신을 원망하는 중이었다. 병들고 무너져가는 나를 보란 듯이 신에게 증명하고 있었다. 남편은 그저 지켜보았다. 지켜볼 수밖에 없었다. 자신이 할 수 있는 일은 오직 그것뿐이라고 생각했다. 내가 마음껏 아파할 수 있도록 굳건히 곁을 지키는 게 자신의 일이라고 여겼다.

나는 내 안에 들끓던 것들을 모두 쏟아낸 뒤 남편에게 지친 몸을 기대어 집으로 갔다. 남편은 숨겨놓았던 약통을 꺼내 작은 알약 하나를 건넸다. 의사가 급할 때 쓰라고 준 약이었다. 나는 잠잠히 약을 받아먹었다. 등을 돌리고 침대에 누워 금세 잠이 들었다. 규칙적으로 오르락내리락하는 내 등을 보고 나서야 남편은 안도의 숨을 내쉬며 눈을 감았다.

* * *

남편은 힘듦을 내색하지 않았다. 내가 미안하다고 말할 때마다 곁에 있는 것만으로도 감사하고 행복하다고 끊임없이 말했다. 자신이 힘들지 않기를 바란다면 옆에 꼭 붙어 있으라고 했다.

남편의 말은 진심이었다. 하지만 나는 누군가의 진심을 믿지 못할 만큼 내 자신을 충분히 신뢰하지 못했다. 스스로를 쓸모없는 사람, 사랑받기에 부족한 사람이라고 여겼다. 내 역할을 충실히 해야만 사랑받을 수 있다는, 어린 시절에 형성된 핵심 믿음이 나를 지배하고 있었다.

그걸 알고 있던 남편은 말이 아닌 행동으로 잘못된 나의 믿음 위에 새로운 믿음을 심어주고자 노력했다. 내가 무얼 하든 지지해주었고, 아내의 역할을 하지 못해도 존재만으로 이미 충분하다고 웃어 보였다. 그리곤 자신의 평범한 일상을 살아가려 애썼다. 지나친 걱정과 간섭 없이 적당히 나의 일탈을 모른 척하며 내가 편히 아파하도록 조용히 곁에 머물러주었다.

지칠 만도 한 남편이 그토록 잘 버텨준 것이 신기해서 나중에 물었더니, 나이만 먹었지 아직 자라지 않은 내 모습이 가여워서 지칠 수 없었다고 했다. 작은 내 몸 안에 더 작은 내가 웅크리고 있는 걸 그는 볼 수 있었던 것이다.

사랑받고 싶어서

"이번 한 주는 어떠셨어요? 약은 잘 챙겨 드셨나요?"

"잘 챙겨 먹으려고 노력하는데 저녁 약은 자꾸만 머뭇거리게 돼요."

"왜요?"

"저녁 약이 좀 센 것 같아요. 먹고 나면 바로 잠들어요. 좀 더 깨어 있고 싶어요. 이렇게 많은 날을 계속 잠만 자며 보내도 되는 건지 싶어요. 저라는 사람이 조용히 사라지는 것도 같고……."

의사는 반가운 소식이라도 들은 듯 활기차게 말했다.

"좋은 현상이에요. 기억하세요? 수경 님이 처음 병원에 왔을 때요. 현실에서 도망치느라 계속 약만 찾았어요. 툭하면 약을 먹었죠. 제가 정해준 용량보다 훨씬 더 많이요."

"아……, 그랬죠. 죄송해요."

"죄송할 일은 아니에요. 약을 먹고 안 먹고는 수경 님의 선택이에요. 사실 저와는 아무 상관도 없는 일이에요. 저에게 미안할 일은 아니죠. 모든 것은 수경 님의 선택입니다. 그런데 무엇이 좀 더 나은 선택인지 스스로 알아가고 있는 것 같아서 담당 의사로서 기쁘네요."

"저 괜찮아지고 있는 건가요?"

"충분히요."

의사와 나는 함께 웃었다. 얼마 전에 저지른 일 때문에 무거웠던 마음의 무게가 조금은 덜어지는 것 같았다.

"이번 주에 특별한 일은 없었어요?"

"있었어요. 정말 미치겠어요."

"편히 말해보세요."

"저는 왜 이 모양일까요? 제가 너무 싫어요. 도대체 왜 이러는지 모르겠어요."

"괜찮아요. 그게 무엇이든 수경 님은 그럴 수 있어요. 제가 늘 말하잖아요. 어른인 척하지 말라고요. 계속 넘어지세요. 편히요."

의사는 사각 티슈를 미리 내 앞으로 내밀었다.

"엊그제 친정에 갔어요. 집 안으로 들어가지는 못했죠. 저는 친정에 발을 내디디면 숨이 턱 막혀요. 그 작은 공간에서 제가 품었던 어두운 감정들이 순식간에 되살아나요. 그날은 유독 안으로 들어가지 못하고 아파트 단지 어딘가에 주저앉아 고래고래 소리를 질렀어요. 그것도 한밤중에요. 정신 차리고 보니 눈앞에 엄마가 보였어요. 엄마는 아무런 말도 하지 않으셨어요. 해봤자 저를 자극하게 될 거란 걸 그때쯤 알았던 것 같아요. 대신 남편에게 연락했어요. 엄마는 걱정과 안쓰러움, 절망과 허망이 담긴 눈으로 저를 지켜보다가 남편이 오고 나서 자리를 떠났어요. 남편은 눈물범벅이 되어 길거리에 앉아 있는 저를 일으키며 집에 가자고 했어요. 저는 남편 손을 뿌리치고 도망쳤어요. 마구 달렸어요. 큰 도로를 향해서요. 그러다 달리던 어떤 차를 가로막았어요. 차는 큰 마찰음을 내며 멈추었고, 저는 그 차의 보조석에 올라탔어요. 그리고 애원했어요. '저를 데려가주세요. 어디든 괜찮아요. 어디라도 좋으니 멀리

데려다주세요.' 남편은 차주에게 사과했어요. 내가 이 여자의 남편이다, 아픈 상태다, 너무 죄송하다. 사정을 설명하며 저를 차에서 끌어 내렸죠. 근데 웃긴 게 뭔지 아세요? 제가 얌전히 남편 손에 이끌려 차에서 내렸다는 거예요. 그렇게 쉽게 내릴 거면 왜 위험을 무릅쓰고 차에 뛰어들었을까요? 남편 차를 타고 집으로 갔어요. 현관문을 열고 집에 들어서는데 불현듯 걷잡을 수 없이 눈물이 쏟아졌어요. 차랑차랑 울리는 풍경 소리, 살결에 닿는 따뜻한 공기, 빨래의 섬유유연제 냄새가 안온하게 느껴졌거든요. 신발도 벗지 못하고 남편 품에 안겨 한참을 울었어요."

나는 언제나처럼 티슈를 한가득 뽑아놓고 눈물 콧물을 줄줄 흘렸다. 겨우 마음을 추스르고 힘겹게 말을 이었다.

"따뜻한 집에 들어서는 순간, 아늑함과 함께 죄책감이 밀려왔어요. 남편에게 너무 미안했어요. 이토록 착한 사람에게 내가 대체 무슨 짓을 하고 있는 걸까. 저 때문에 수개월째 잠도 편히 못 자는 남편을 생각하면 가슴이 찢기는 기분이에요. 저는 늘 남편에게 미안해요. 어제도 미안했고, 오늘도 미안하고, 내일도 미안할 거예요. 사고 치지 말아야지, 굳게 마음먹는데 저도 모르게 자꾸만 이상한 행동을 하게 돼요. 결국 그 뒤치다꺼리는 남편이 하고요."

의사는 해줄 말이 많은 듯 안경을 추켜올리며 목소리를 가다듬었다.

"수경 님은 어린 시절 부모에게 신뢰를 느끼지 못하고 필요한 만큼의 사랑을 받지 못했어요. 가정을 이루고 어른의 역할을 해야 하는 지금 그것이 튀어나와 어른이 되기를 거부하고 있어요. 늘 사랑받기를 원해요. 지금 충분한 사랑을 받고 있음에도 불구하고 끝없이 사랑을 갈구해요. 원하는 대상으로부터 사랑과 관심을 받지 못했을 때, 분노와 슬픔을 주체 못 하고 폭발하거나 주저앉는 극단의 선택을 하고요.

어린 시절에는 무조건 착한 아이로 있어야 부모로부터 버림받지 않고 사랑받을 수 있다고 생각했을 거예요. 그래서 부적절한 행동을 하지 않았죠. 그런데 그로 인해 얻은 것이 없다는 걸, 살면서 느꼈어요. 내가 착하게 살아봤자 아버지는 여전히 엄마를 때리고, 엄마는 그 불행을 나로부터 보상받고자 하는구나. 나는 아픈데 나를 돌봐주는 사람은 아무도 없구나. 불안하고 외로웠을 거예요. 그래서 새 가족을 이루었을 때는 그때와 반대로 행동합니다. 자해하고 일탈하면서 남편을 시험하는 거죠. 남편이 나를 얼마나 사랑하는지, 과연 이 가정은 내가 믿을 만한 안전한 곳인지 살피는 중이에요. 지금 수경 님은 생존을 위해 발버둥 치고 있는 겁니다."

의사의 마지막 말은 내 마음 어딘가의 취약한 지점을 건드렸다. 살고 싶은 의지. 내게는 살고 싶은 의지가 있었다. 해보지 못한 일을 해보고, 가보지 못한 곳도 가보며 남편과 평범한 가정을 이루고 싶었다. 자주 죽고 싶었고, 죽으려 하기도 했지만, 어쩌면 그건 살고 싶다는 간절한 의지의 또 다른 표현이기도 했다. 아무것도 못 하게 될까 봐, 내 삶이 또다시 불행으로 뒤덮일까 봐 나는 늘 전전긍긍했다. 남들 눈에는 다 가진 것처럼 보였지만, 정작 나는 살기 위해 내 몸에 상처를 내며 버티고 있었다. 내가 서 있는 곳은 누가 봐도 얕고 잔잔한 물속인데 나 혼자 그걸 모르고 발이 닿지 않는 깊은 물에 빠진 것처럼 발버둥 쳤다. 그런 내가 문득 가여워졌다. 죽고 싶다던 내가 결국 살고 싶어서 죽으려 한, 가슴 깊숙이 담겨 있던 나조차 몰랐던 진심을 마주하는 순간이었다. 나는 무너져 내리듯 울었다. 그리고 물었다. 언제까지 이렇게 남편을 괴롭히며 살아야 하는지. 이런 나 자신이 너무 끔찍하다고.

"약을 먹으며 분노와 우울을 조절하고 좋은 습관이 몸과 마음에 녹아들게 해야 합니다. 이미 경험한 과거의 나쁜 기억은 지울 수 없어요. 따라서 더 좋은, 또 다른 과거가 될 일들을 만들어나가는 수밖에 없어요. 지금 충분히 잘하고 계세요. 우리가 만난 지 1년이 다 되어가는데요, 처음 만났을 때보다 수경 님 마음에 여유가 생긴 게 느껴집니다. 비관적이고 부정적인 생각도 많이 사라졌고 불안감도 줄었어요. 미래에 대한 희망적인 단어들도 자주 등장합니다. 다른 분들에 비해 치유 속도가 빨라요."

조금씩 좋아지고 있다는 걸 나도 느끼고 있었다. 병원 진료를 볼 때마다 거의 매번 울었는데 그즈음부터 울지 않는 날도 생겼다. 상담을 끝내고 돌아갈 때면 마음에 쌓인 먼지를 털어낸 것처럼 개운하고, 무언가 모를 벅참에 가슴이 두근거렸다. 정확히 이름 붙일 수 없는 감정이었다. 처음 걸음마를 시작하는 아기가 손을 잡아주지 않아도 스스로 한 걸음 내디뎠을 때 느끼는 감정 같은 것. 비록 다시 넘어질지라도 혼자 걷기 위해 반드시 필요한 그 첫 발걸음을 뗀 것만 같았다.

작은 용기의 근원

 정신과를 다니며 약에 기대어 산 지 1년 가까이 되었을 때 문득 이상한 기분이 들었다. 분명 약을 먹는 건 나인데 어느 순간 약이 나를 삼켜버리는 듯한 느낌. 작은 알약들이 내 삶을 쥐고 흔드는구나. 두려우면서도 불쾌했다. 이젠 약 없이도 괜찮을 것 같은 근거 없는 자신감도 생겼다.
 용기가 한껏 차오르던 어떤 날, 2주일 치 약을 쓰레기통에 던져버렸다. 희망을 가득 품고 약 없이 하루를 보냈다. 몸도 마음도 가벼웠고 어느 때보다 기분이 상쾌했다. 뭔가 좋은 일이 생길 것만 같았다. 문제는 밤이었다. 자려고 누웠지만 도통 잠이 오지 않았다. 시간은 자꾸만 달려가는데 정신은 점점 또렷해졌다. 오늘만 지나면 내일은 지쳐 쓰러져 잠들 수 있을 거야. 희망을 놓지 않고 긴 새벽을 꼿꼿이 버텼다. 검푸른 밤에 어둠이 걷히고 불그스름해진 하늘이 눈에 들어왔다. 가만히 누워 청명해지는 아침 풍경을 맥없이 바라보다 출근했다. 한숨도 못 잔 탓인지 종일 심한 두통으로 힘들었다. 퇴근한 남편은 컨디션이 좋지 않은 나를 걱정하며 약을 먹었는지 물었고, 나는 먹었다고 거짓말을 했다. 남편에게 보여주고 싶었다. 내가 많이 좋아졌다는 걸. 이젠 약 없이도 잘 수 있고 평범한 일상생활이 가능하다고 어깨를 으쓱이며 말하고 싶었다.

그러나 기적은 이루어지지 않았다. 약을 거른 지 이틀째. 어둡고 고요한 방에 누워서 나도 남편처럼 잠들기를 바랐지만, 내 심장 소리만 점점 크게 들려왔다. 약 없이 살 수 없다는 걸 인지하자 거대한 불안이 들이닥쳤다. 조용히 거실로 나와 쓰레기통을 뒤졌다. 전날 버렸던 약을 한 움큼 꺼내 먹고는 남편 옆에 누워 깊은 잠에 빠져들었다.

다음 날, 나는 자리에서 일어나지 못했다. 약에 취해 자느라 무단결근했고 직장에서 연락받은 남편이 황급히 집으로 왔다. 자는 나를 흔들어 깨워 살아 있음에 안도했다. 그러곤 나의 직장 상사에게 전화했다.

"죄송합니다. 수경이가 아파서 출근하지 못할 것 같습니다. 정말 죄송합니다."

허공에 대고 연신 고개를 숙이며 통화하는 남편을 보자 무안하고 미안했다. 가슴 한편에 억울함도 있었다. 다시 누워 이불을 머리끝까지 올리고 울면서 소리쳤다.

"이번은 아니야! 죽으려 했던 거 아니라고! 정말이야. 약 안 먹어도 괜찮을 것 같았는데……."

남편이 곁으로 다가와 이불을 내리고 나를 끌어안았다.

"여태 자느라 배고팠겠다. 밥 먹으러 가자."

당시 남편은 회사에서 중요한 프로젝트를 맡아 하느라 한창 바쁜 시기를 보내고 있었지만 나 때문에 조퇴를 비롯한 결근을 밥 먹듯이 해야 했다. 심지어 다음 해 연차까지 끌어와서 쓸 정도였다. 평사원이었으니 상급자에게 얼마나 눈치가 보였을까. 갑작스럽게 구멍을 메꿔야 하는 동료들에게는 또 얼마나 미안하고 민망했을까. 그럼에도 남편은 전혀 불편한 내색을 하지 않았다. 내가 신경 쓸까 봐, "이참에 나도 쉬어서 좋아"라며 너스레를 떨었다.

의사와 상의도 없이 갑작스레 약을 중단한 건 무모한 도전이었지만, 가까스로 자아낸 용기이기도 했다. 작은 용기의 근원은 사랑. 무구하고 변함없는 사랑이 나약한 마음에 용기를 심어주었다.

그때부터였을 것이다. 흑백 사진 같았던 삶에 색이 더해지기 시작했다. 대충 해결하던 식사를 세 끼 모두 신경 써서 챙겨 먹었다. 손 놓았던 집안일을 다시 시작하고 가볍게 산책도 하며 몸을 더 움직였다. 밤마다 혼자 술 마시며 우는 짓도 더는 하지 않았다. 하루 세 번 먹던 약은 두 번으로, 수면제를 제외한 나머지 약들의 용량도 조금씩 줄여서 처방받았다. 예전처럼 내 마음대로 약을 거르거나 용량을 초과하여 먹지 않았다. 불안이 극대화되어 위급할 때만 먹으라고 별도로 처방해준 약은 오랫동안 꺼내지 않아도 되었다. 분명히 나는 조금씩 변하고 있었다.

다시는 만나지 말아요

병원에 다니며 치료를 받자 조금씩 잘 살고 싶은 의지가 생기면서 아이를 낳고 싶다는 마음도 조심스레 찾아들었다. 그러나 정신과 약을 먹으면서 임신을 계획할 수는 없었다. 고민이 깊어졌다.

그러던 어느 날, 우리 엄마 연배의 선배 교사가 교실 문을 두드렸다. 선생님은 그간 몇 번의 대화를 통해 내가 아이를 낳고 싶어 한다는 걸 느낀 것 같았다. 그러면서 고된 시집살이로 생긴 우울증을 치료한 자신의 이야기를 들려주었다. 오랫동안 약을 먹어도 나아지지 않았던 우울증을

약 없이 치료했다며 한방 정신과 진료를 권유했다. 평온해 보이던 선생님의 얼굴을 보며 나도 저런 얼굴로 웃어보고 싶었다. 나는 지푸라기라도 잡는 심정으로 선생님이 알려준 대학병원의 한방 정신과에 갔다.

한방 정신과는 여러모로 양방과 달랐다. 기본적인 검사는 동일했지만, 진맥을 보고 침을 맞는 건 확연히 다른 점이었다. 첫 진료 때는 양방에서 했던 검사를 다시 한 번 해야 했다. 여러 종류의 검사지에 체크하다가 1년 전 처음 정신과에 갔을 때가 떠올랐다. 우느라 제대로 검사받지도 못했던 내가 그날은 활짝 웃고 있었다.

의사 선생님에게 그간의 병원 진료와 나의 상태에 관해 설명하며 약을 중단하고 싶다는 의사도 밝혔다. 복용하던 다른 약은 예전과 달리 용량을 줄여도 크게 힘들지 않았는데 수면제는 여전히 필요했다. 수면제 없이 잘 수 있게 되면 아이를 갖고 싶다고 이야기했다. 선생님은 약을 갑자기 중단하는 건 어렵다며 인지행동치료와 함께 약의 용량을 점차 줄여가자고 했다. 그리고 한마디 덧붙였다.

"양방에서 치료를 잘 받고 오셨네요."

인자하게 웃던 선생님의 얼굴과 다정한 목소리는 시간

이 지나도 잊지 못할 것 같다. 운이 좋았을까. 의학 드라마에서나 등장할 법한 인간미 넘치는 의사를 실제로 만나게 되는 경험이었다. 그동안 만났던 대부분의 의사는 늘 시간에 쫓기듯 빠르게 말하고 눈 한 번 제대로 마주쳐주지 않았는데, 선생님은 언제나 과하지 않은 편안한 미소를 머금고 느긋하게 말씀하셨다. 멀리까지 오느라 힘들지 않았는지, 불편한 점은 없는지 확인하며 세심하게 나를 살폈다. 긴장이 되어 양손을 꽉 잡고 있던 날에는 간호사에게 따뜻한 차를 갖다 달라고 하신 후 내게 직접 건네며, 진정되면 천천히 시작하자고 마음을 풀어주었다. 낯선 타인이 나에게 진심으로 마음 써주고 있다는 느낌은 치료받는 내내 나를 든든하게 했다.

그렇게 몇 달간 한방 치료와 인지행동치료를 병행하다 보니, 수면제를 제외한 다른 약은 복용하지 않아도 크게 문제가 되지 않았다. 수면제는 여전히 필요했지만 4분의 1로 쪼개 먹어도 잠을 잘 수 있게 되었다. 그러자 선생님은 복용하던 양방 수면제를 중단해도 되겠다며 다른 약으로 바꾸어주었다. 과립 형태의 한약으로, 한방 수면제였다. 한방 수면제는 태아의 건강에 영향을 미치지 않기 때문에 임신을 시도할 수 있다고 했다. 한방에도 수면제가 있다는 게 신기했고, 왜 진즉 이걸 내주지 않았는지 의아해하며 약을 챙겨 먹었다.

* * *

몇 주 뒤, 평소처럼 병원에 간 어느 날, 선생님은 여느 때와 같이 상담 시작 전에 맥부터 짚었다. 다른 날보다 여러 번, 오래 공들여 짚는 것이 느껴졌다. 진맥을 마친 선생님이 나를 보며 씩 웃고는 이야기했다.
"이젠 병원에 그만 오셔도 되겠는데요."
갑작스러운 선언에 어리둥절해진 나는 이어진 이야기에 곧 울지 않을 수 없었다.
"임신하신 것 같아요."
내가 임신이라고? 반사적으로 손이 움직였다. 천천히 숨을 고르며 나오지도 않은 배를 손으로 감싸안았다. 손이 미세하게 떨려왔다. 지그시 미소 짓고 있는 선생님을 보며 눈시울을 붉혔다. 아이를 만나기까지 조금 먼 길을 돌아온 시간이 가슴에 사무쳤다.

결혼 전부터 임신·출산·육아 책을 사놓고 공부하는 마음으로 읽으며 엄마 될 준비를 했다. 뭐 그리 유난이냐고, 낳으면 다 알아서 큰다고 말하는 엄마에게 속으로 말했다. 난 그런 부모가 되지 않을 거라고. 사랑하는 사람과 안정적인 환경을 만들고, 진실되고 충만한 마음으로 아기를 만날 거라고. 아무렇게나 생긴 생명을 대충 낳아 키우며 아프게 할 바에야 안 낳는 게 나은 거라고 생각했다.

1년 정도 신혼을 즐기며 좋은 부모가 되기 위해 준비한 뒤에 임신하기로 남편과 가족계획을 세웠지만, 그 계획은 내가 정신과 치료를 받게 되면서 무산되었다. 내 삶도 제대로 살아내지 못하면서 아이를 키울 수 있을까. 내 부모님 같은 부모가 되면 어쩌지. 아이를 원했으면서도 내 상처를 대물림할까 봐 두려웠던 지난날의 기억이 떠올랐다. 물론 나는 분명 그때와는 달라져 있었다. 잘할 수 있을 것 같은 자신감과 용기가 마음에 가득 들어찬 상태였다.

그러나 감격스러움도 잠시, 전날까지 먹었던 수면제가 걱정되었다. 아무리 한방이라 해도 수면제인데 정말 괜찮은 거냐고 울먹이며 선생님께 물었다. 그러자 선생님이 회심의 미소를 지으며 비밀을 털어놓았다.

"사실은 그 약, 수면제 아니었어요. 임신에 도움이 되는 약이었으니까 걱정하지 마세요."

수면제가 아닌 약을 수면제라 믿고 잠잘 수 있었으니, 플라세보 효과를 톡톡히 본 셈이었다. 다음 날 곧장 산부인과에 가서 임신을 확인하고 다시 한방 정신과에 들렀다. 선생님에게 감사의 마음을 전하고 싶었다. 양손에 롤케이크와 음료를 들고 고개 숙여 인사를 드리자, 선생님의 뜨거운 격려가 이어졌다.

"수경 님은 누구보다도 좋은 엄마가 될 거예요. 수경 님에게 아이는 더할 나위 없이 좋은 약입니다. 우리 다시는 만나지 말아요. 잘 살아요."

3부
나를 위한 사랑과 용서

자라지 못한
부모의 마음을 키우는 아이

아기가 내 몸에 찾아오는 순간부터 나는 새로운 희망을 찾아내는 사람처럼 한껏 열의에 차올랐다. 지금까지의 나는 간데없었다. 선생님이 되기 위해 했던 공부보다 더 열심이었으면 열심이었지 조금도 모자라지 않았다. 고작 열 달 사용할 태명을 짓기 위해 온갖 서적과 자료를 뒤지며 공부했고, 태아가 반복되는 된소리나 거센소리를 잘 듣는다는 정보를 얻게 되었다. 여러 조합 끝에 내 안의 작은 생명에게 '뽀뽀'라는 이름을 붙여주었다. '뽀뽀'의 어감이 지닌 사랑스러움은 부를 때마다 나를 저절로 미소 짓게 했다. 아기가 태어나고 '시원'이라는 이름을 지어줬음에도 한동안은 태명으로 부를 정도였다. 볼에, 손등에, 온몸에 입 맞추며 뽀뽀야, 뽀뽀야, 하고 부르며 좋아서 어쩔 줄 몰라 했다. 보는 것만으로도 신기하고 설레고 감격스러웠다. 살면서 이토록 벅찬 행복을 감각해본 적 있던가. 내가 꿈을 꾸고 있는 건 아닐까. 작고 연약한 생명은 나에게 거대한 우주 그 자체가 되었다.

그러나 그렇게 황홀함에 젖어 있다가도 돌연 미소가 거둬지고 마음이 굳을 때가 있었다. 1년 넘게 약에 찌들어 있던 내 몸을 생각하면 마냥 웃고만 있을 수 없었다. 내 몸속에서 아이는 편안했을지, 혹시라도 양수에 약물이 섞여 있었던 건 아닐지, 그 양수가 아이에게 악영향을 끼치고 있다면 어쩌나 남몰래 속앓이를 했다. 어쩌다 아이가 아프기라도 할 때는 커다란 죄책감에 사로잡혀 마음이 무너져 내렸다. 모든 게 나 때문인 것만 같았다. 좀 더 건강한 몸을 만든 뒤 임신해야 했다고 이제 와 의미 없는 후회만 했다.

지난 일을 자책해봤자 달라질 건 없었다. 되도록 빨리 수렁에서 빠져나와 과거가 될 오늘을 후회 없이 보내는 것만이 최선이었다. 저만치 시간이 흐른 뒤, 미래의 내가 오늘을 떠올리며 또 다른 죄책감을 쌓아가고 싶지는 않았다. 마음을 다독이며 일기장을 꺼냈다. 훗날 아이에게 들려줄 이야기를 진솔하게 적어 내려갔다.

* * *

뽀뽀, 내 아가 시원에게

시원아, 시원이가 엄마를 찾아오기 전에 엄마 안에 살던 보이지 않는 친구들이 있었어. 슬픔이, 걱정이, 불안이. 이 애들이 엄마 마음에 꽉 차 있어서 시원이가 들어올 자리가 없었어. 견디다 못한 어느 날 아빠 손을 잡고 병원에 갔어. 의사 선생님께서 말씀하셨어. 약도 먹고 상담도 받으면서 치료하면 엄마를 힘들게 하는 마음속 친구들과 헤어질 수 있다고. 그래서 오랫동안 약을 먹었어. 의사 선생님과 아빠의 도움을 받으며 열심히 병원에 다니면서 치료받았지. 그랬더니 정말로 엄마가 괜찮아진 거야. 엄마 마음속에 오랫동안 살고 있던 슬픔이, 걱정이, 불안이의 몸집이 작아졌지 뭐야. 이제 됐구나, 아가가 오기를 기다려도 되겠어, 하고는 엄마

몸을 극진히 보살폈어. 그러고 나서 얼마 지나지 않아 시원이가 짠, 하고 찾아왔어. 시원이가 생각보다 금방 우리에게 와줘서 엄마 아빠는 깜짝 놀랐어. 아, 우리 아가도 엄마가 많이 보고 싶었구나, 내가 준비되기만을 기다리고 있었구나, 생각했지.

시원이가 엄마를 빨리 찾아와줘서 고맙고 행복하기도 했지만, 한편으로는 엄마가 먹었던 약 때문에 아픈 아이가 되는 건 아닐지 걱정하기도 했어. 다행히도 아무 문제 없이 건강하게 세상에 나와 엄마 품에 안겼지만 시원이가 잠을 잘 안 자고, 사람들이 시원이를 예민한 아이라 말하고, 시원이가 아프기라도 할 때면 엄마 때문인 것 같아서 미안했어.

엄마는 그럴 때마다 시원이를 꽉 끌어안았어. 엄마의 심장 뛰는 소리를 들려주며 그 안에 담긴 엄마 마음을 전해주고 싶어서. 주변 사람들은 자꾸 안아주면 손 타서 안 된다고 했지만, 엄마가 미안한 만큼 더 많이 안아주고 싶었어. 엄마의 작은 가슴에 여리고 고운 너를 폭 감싸안고 있으면 미안한 마음이 조금은 덜어지는 듯했어. 너를 위해 엄마가 안아줬다지만 실은 시원이가 엄마를 안아준 것 같아. 엄마, 나는 괜찮아요, 엄마 때문이 아니에요, 하면서 말이야. 너의 작은

> 몸에서 뿜어져 나오는 커다란 에너지가 엄마에게 전해졌고,
> 엄마는 좀 더 다부진 마음으로 너에게 답할 수 있었어.
> 뽀뽀야, 시원아, 너는 엄마가 잘 살아가야 할 분명한 이유야.
> 서툴고 부족하지만, 엄마 힘내볼게. 단단해져가는 엄마를
> 지켜봐줘.

* * *

세상의 모든 부모가 그렇듯 나 역시 아이에게 좋은 엄마가 되고 싶었다. 아이의 든든한 버팀목이 되어 아이가 주저 없이 생을 살아가도록 돕고 싶었다. 무엇보다 마음이 건강한 사람으로 자라길 바랐다. 한번 다친 마음은 쉽게 회복되지 않고, 사는 내내 이곳저곳으로 전이되어 또 다른 상처를 낸다는 걸 누구보다도 잘 알고 있는 나였으니까.

아이 마음에 작은 상처 하나라도 남기지 않겠다는 일념으로 각종 육아서를 파고들었다. 정확한 정보와 명백한 근거 속에서 답을 찾으려 애썼다. 그러나 전문가들이 내놓은 답은 나를 좌절하게 했다. 그들은 말했다. 건강하지 못한 부모는 아이에게 자신의 상처를 물려준다고. 아이를 정서

적으로 안정되게 키우려면 부모부터 건강해야 한다고 입을 모아 말했다. 상처의 대물림은 내가 가장 경계하던 부분이었다. 상처를 줄 바에야 아이를 낳지 않는 게 낫다고 생각해왔던지라 마음이 착잡했다. 임신 전 병원에 다니며 치료받고 상당 부분 좋아졌지만, 여전히 나는 불안정한 사람이었다. 오히려 아이를 낳은 후 더 큰 불안이 찾아왔는지도 모르겠다. 아이를 지키지 못할까 봐, 제대로 키우지 못할까 봐, 나의 부모님처럼 나도 상처 주는 부모가 될까 봐 늘 나를 의심하고 다그치며 전전긍긍하는 날이 많았다.

걱정하며 불안에 떨고 있는 동안에도 내 눈앞의 생명체는 하루가 다르게 자라고 있었다. 자신의 까만 눈동자에 나를 담아가며 깊이 끌어당겼다. 투명하고 무구한 아이의 눈빛은 나를 흔들어 깨웠다. 번뜩 정신이 차려졌다. 걱정하고 불안해할 시간에 더 나은 하루를 위해 뭐라도 해야 했다. 틈나는 대로 책을 읽고 나 자신을 다스리며 건강한 영혼과 삶이 나에게 스며들게 했다.

아이를 생활의 중심에 두면서도 그 안에서 내 욕구와 감정을 알아차리는 일 또한 중요하게 여겼다. 긍정적이든 부정적이든 마음에 이는 감정을 곡해 없이 보려 노력하고,

힘들 때는 힘들다고 말하고, 하기 싫은 일은 싫다고 말하며 흐릿했던 나를 선명히 드러냈다. 아이의 몸과 마음을 살피듯 나 자신을 살피며 위해주었다. 나는 아이를 키우면서 자라지 못한 내 안의 어린 나도 함께 키우고 있었다.

한층 자란 나는 얼룩지고 뿌옇던 마음을 쓱쓱 닦아낼 수 있게 되었다. 깨끗해진 마음의 창을 통해 바라보는 세상은 그전에 알지 못했던 새로운 풍경으로 다가왔다. 내가 살고 있는 이곳이 이토록 아름다웠던가. 내 곁에서 나를 지지해주고 있던 따뜻한 손들이 이렇게나 많았던가. 눈길을 돌리는 곳곳마다 웃음을 품고 있다는 걸 왜 이제야 알았을까. 아이 덕분에 마음이 자란 나는 모든 것에 감사할 줄 아는 사람이 되었다. 내가 아이를 키운 게 아니라 아이가 나를 건강히 키워준 거였다. 어쩌면 아이는 어른의 자라지 못한 마음을 키우기 위해 한 시절 우리 곁에 머물러주는 존재일지도 모르겠다는 깨달음이 찾아왔다.

* * *

잠들어 있는 아이의 머리를, 손등을 쓰다듬으며 나를 키워

준 아이에게 남겨줄 유산에 대해 생각해본다. 높은 빌딩이나 어마어마한 숫자가 찍힌 통장을 물려줄 수는 없지만, 이것만은 확실히 남겨주겠다고 다짐한다. 사랑받은 기억, 자신이 엄마 아빠에게 소중한 존재였다는 사실, 엄마 아빠가 서로를 사랑하며 재미있게 살았던 모습 같은 것들. 돈으로 대체할 수 없는 무형의 자산을 가슴 깊숙이 넣어주고 싶다. 살면서 틈틈이 흔들리고 넘어질 때마다 사라지지 않는 자산을 꺼내 쓰며 일어설 수 있도록. 그러하기에 나는 오늘도 열심히 사랑하고 열심히 웃으며 살아볼 작정이다.

오백만 원에 담긴 사랑

3층 새댁이 자살 기도를 했는데 남편과 자주 싸웠다더라. 밤만 되면 밖을 서성이며 울고 다니더라. 교사라던데 애들 가르칠 수 있는 건가.

신혼집을 마련한 동네에 나에 대한 소문이 돌았다. 떠도는 이야기들과 힐끔거리는 눈빛이 불편해진 우리는 2년 만에 그곳을 떠나기로 했다. 웃음보다 울음을 더 많이 남기고 떠나는 게 못내 안타까워 뒤돌아 나오는 발걸음이 무겁기만 했다.

그런데 얼마 뒤 친정 근처로 이사하던 날, 집에서 여러 개의 부적이 발견되었다. 침대 밑, 베개 속, 옷장과 신발장 안에서. 남편을 불러 부적에 관해 물었다. 멋쩍게 웃어 보인 남편은 "아, 이거 장모님이……"라며 말끝을 흐렸다. 짐작 가는 바가 있었지만 이사하는 중이라 당장 더 캐묻지는 못했다.

그날 이사가 마무리되고 난 뒤에야 남편에게 부적에 관한 이야기를 들었다. 내가 유서를 쓰고 병원에 실려 가던 날, 엄마는 내 소식을 듣고 그 자리에 주저앉았다고 한다. 그리고 울면서 어딘가에 다급히 전화를 걸었다.

"할아버지. 우리 큰애, 수경이 좀 살려주세요."

할아버지는 엄마가 다니는 점집의 무속인이다. 엄마와의 통화를 마친 그는 기도를 올렸다. 그리고 잠시 뒤, 내가 무사히 깨어날 수 있다는 응답을 받았다. 엄마는 놀란 가슴을 부여잡고 할아버지와 함께 산속 굿당에 올라갔다. 내가 응급실에서 위세척을 하는 동안 엄마는 정성 들여 굿을 했다. 자그마치 오백만 원짜리 굿이었다.

"뭐? 굿을 했다고? 오백만 원씩이나 주고?"

"응, 그때 장모님께서 받아 오신 부적이야. 자기한테 들키지 말라고 신신당부하셨어."

물론 남편도 처음에는 거절했다. 내가 알기라도 하면 난리 칠 게 뻔했으니까. 하지만 결국엔 받을 수밖에 없었다. 남편이 부적을 받은 건 내가 좋아질 거라는 희망 때문이 아니라 단지 엄마를 위하는 마음에서였다. 자식을 위해 뭐라도 해야 버틸 수 있는 부모의 마음을 남편은 알고 있었다. 당시 아이 없이 살던 우리였는데, 남편은 어떻게 그 마음을 알았던 걸까.

남편이 만류했지만 당장 엄마에게 전화했다.

"나 병원에 실려 가던 날, 오백만 원짜리 굿했다면서?"

"응. 너 귀신에 씌어서 그런 거래. 굿하고 나서 지금 많이 좋아졌잖아."

귀신이라니. 여전히 엄마는 내가 받은 상처를 모르는구나. 지옥 같았던 시간이 새겨놓은 상처가 아파서 몸부림치는 것을 귀신 탓으로 돌리다니. 마음이 까끌거렸다.

"엄마, 나 아픈 거야. 귀신 그런 거 아니라고. 왜 엄한 곳에 돈을 쓰고 그랬어. 한두 푼도 아니고."

"너만 괜찮아진다면 엄만 그깟 돈 아깝지 않아. 내가 누구 때문에 이러고 살았는데……."

나 때문이라는 말. 오랫동안 나를 짓누르던 그 말. 가슴이 컥컥 막혀왔다. 네가 많이 힘들었구나, 부모 잘못이다, 미안하다, 이 말이면 될 것을. 힘들게 번 돈으로 굿판을 벌였다는 게 어이없고 속상하고 답답했다. 더 이야기하다간 남편과의 약속을 깨고 엄마한테 화를 낼 것만 같았다. 언성이 높아지기 전에 대충 마무리하고 전화를 끊었다.

* * *

엄마는 내 상처와 아픔을 외면하고 싶어 했다. 정신과에 다니고 있는 내게 줄곧 이야기했다. 너보다 더한 환경에서 자란 애들도 멀쩡히 잘 사는데 너는 왜 이러냐고, 네가 마음이 여려서 그런 거라고, 강하게 마음먹으라고. 엄마가 위로한답시고 쏟아내는 말들이 나를 더 아프게 했다. 그때는 나의 상처를 제대로 인정해주지 않는 엄마가 야속하고 서운했다.

한편 아버지는 늙고 병들어서 자기 몸 하나 추스르기도 버거워했다. 하루하루를 멍한 표정으로 텔레비전 앞에만 앉아 있는 아버지에게 사과나 해명 그 무엇도 기대할 수 없었다. 그러나 엄마는 달랐다. 나는 단지 엄마만이라도 내가 얼마나 힘들었는지 알아주기를 바랐다. 하지만 엄마는 그런 내 간청을 외면했다. 내게는 분명한 상처가 있는데, 정작 상처를 준 부모님이 그걸 몰라주는 게 이상했다. 늘 마음 한편에 과거의 찌꺼기를 그득 쌓아놓고 사는 기분이었다. 그것들은 툭하면 튀어나와 삶을 흔들어대곤 했다.

언제까지고 남아 있을 것만 같았던 각진 감정이 둥글어지기 시작한 것은 몇 해 전부터였다. 남편 품에서 방황을 끝내고, 책을 읽고 글을 쓰며 상처를 보듬고, 커가는 아이를 바라보면서 비로소 그때의 엄마 마음을 조금이나마 짐작하게 되었다. 엄마의 오백만 원짜리 굿은 사랑의 또 다른 모습이자, 나에 대한 미안함을 담은 사죄의 행위였다는 걸 깨달았다. 사랑의 모습은 사람마다 제각기 다를 텐데, 내가 생각한 것과 다르다는 이유로 엄마의 사랑을 초라하게 만들었다는 게 미안했다. 내 아픔을 인정해주지 않는다고 서운해했으면서 나 역시 엄마의 사랑을 인정해주지 않고 있었다.

매서운 2월, 추운지도 모르고 거친 산길을 따라 법당에 올라갔던 엄마. 어느 무당의 굿하는 모습을 보며 엎드려 통곡했던 엄마. 때리는 남편 대신 평생을 바라보고 의지했던 큰딸이 스스로 죽음을 선택한 사건은 엄마가 살아온 시간을 부정당하는 선고나 다름없었다. 무엇을 위해 그 고생을 감내했던가. 잘 키우고 싶었는데. 나처럼 살지 않게 하려고 했는데. 지난 시간을 되짚으며 엄마는 차디찬 굿당에 엎드려 가슴 치며 울었을 것이다.

　엄마는 모진 시간을 함께 건너온, 애틋하기만 한 큰딸의 상처를 몰라서 외면한 게 아니었다. 인정하면 안 되는 거였다. 나 때문이야, 내 잘못이야, 하고 인정하는 순간 엄마는 무너져 내렸을 것이다. 엄마에게는 무너지지 않고 버텨야 할 분명한 이유가 있었다. 아직도 키워야 할 어린 자식들과 책임져야 할 병든 남편이 그 이유였다. 엄마는 최선을 다해 가정을 지키려 했고, 그게 엄마가 사랑하는 방식이자 세상을 살아가는 방법이었음을 나는 뒤늦게야 깨달아가고 있었다.

엄마, 내 딸로 태어나줘

남편의 폭력과 가난으로 몸도 마음도 고단했던 엄마는 큰딸인 내게 지친 인생을 기대었다. 어린 나를 붙잡고 주문을 걸듯 말했다.

"엄마한테는 너밖에 없어. 너까지 속 썩이면 엄마는 못 살아."

그늘지고 힘겨워 보이는 엄마의 얼굴에서 나오는 말들은 나를 당신 인생에 단단히 묶어버렸다. 자기 삶도 버거웠던 엄마는 자식의 마음을 살필 겨를이 없었다. 어둡고 차가운 얼굴, 짜증 섞인 말투와 성난 목소리로 나를 대했다. 배를 곯아본 적은 없지만, 마음은 언제나 허기가 졌다. 자라는 내내 시린 마음을 표현하지 못하고 그저 가슴에 차곡차곡 쌓아두기만 했다. 내 눈에도 엄마에게는 나밖에 없어 보였다. 나는 엄마가 바라는 대로 착하게 자랐다. 내가 할 수 있는 건 오직 그것뿐이었다. 아버지의 폭력으로부터 엄마를 구하지 못했다는 죄책감, 엄마를 잃게 될지도 모른다는 두려움, 사랑받고 싶은 욕구는 착하게 커야 할 충분한 이유가 되었다. 그러나 엄마에게 자랑이었던 나의 착함은 나를 지우고 바보가 되는 일이었다. 싫어도 좋은 척하고, 부당함에도 저항 없이 순응하고, 손해 보는 일을 당연하게 여겼다. 착한 듯 보였지만 나는 사라지고 있었다.

성인이 되어서도 엄마의 말을 거스르는 법이 없었다. 언제나 엄마의 감정을 살피며 같이 울고 엄마보다 더 아파했다. 엄마가 내뱉는 한숨과 쏟아내는 넋두리는 내 가슴으로 흘러들어와 또 다른 나를 이루었다. 엄마와 나 사이에 보이지 않는 탯줄이 여전히 존재했다. 그렇게 엄마가 나이고 내가 엄마인 채로 30년을 살다가 결혼했다. 겉보기에는 다정하고 애틋한 모녀였지만, 오랜 시간 밀접하게 감정을 공유하며 살았던 탓에 엄마의 감정과 내 감정을 구분

짓는 게 어려워져 지난 시간에 회의를 느끼고 있었다. 결혼으로 정서적 탯줄이 끊어지길 기대했다. 실은 결혼을 하고 엄마의 품을 벗어나면 오롯이 내 삶을 살게 될 줄 알았다. 공간이 분리된 만큼 감정 또한 분리되어 후련할 줄 알았다. 그런데 도리어 불안하기만 했다. 결혼 후 본래 가정을 떠나고 나서야 오랫동안 가슴에 쌓아두었던 상처가 모습을 드러낸 탓이다.

정신과 상담을 받으면서는 누구보다 가깝고 애달팠던 엄마에 대한 마음에 균열이 생겨났다. 애처롭고 안쓰러웠던 엄마가 돌연 미워졌다. 왜 그토록 맞고 살았는지, 우리를 데리고 도망갈 용기는 없었는지, 먹고살기도 어려운데 어쩌자고 자식을 넷이나 낳았는지, 나는 아버지가 필요 없었는데 왜 자꾸만 나 때문에 이혼하지 못한다고 했는지……. 답도 없는 질문을 쏟아내며 엄마를 원망했다.

아이를 낳고 키우면서 그 감정이 더욱 깊어지는 바람에 무척이나 괴로웠다. 자식은 이토록 예쁘고 소중한 존재인데, 부모님은 왜 나를 그런 환경에서 자라게 했을까. 왜 나에게 상처를 주고도 미안해하지 않는 것일까. 화가 났다. 시도 때도 없이 가슴 깊숙한 곳에서 서러움이 올라왔다.

아버지를 미워하는 마음이야 오랜 세월 지속되었기에 별스럽지 않았지만, 엄마에 대한 내 마음이 변해버리자 당황스러웠다. 하루에도 몇 번씩 고마움과 미움이 내 안을 들락거렸다. 혼란스러웠다.

애써 엄마를 객관적으로 바라보려고 노력했다. 엄마를 내 엄마가 아닌 고유한 인격체를 가진 한 사람으로서 인식하면, 엄마도 상처투성이의 한 여자일 뿐이었다. 나와는 다른 시대, 다른 환경에서, 상처를 알아차릴 겨를도 없이 살아온 엄마. 제대로 된 의식주도 확보되지 않은 환경에서 기본 교육도 받지 못한 채 자란 엄마. 스물셋에 나를 낳아 엄마가 된, 세상에 기댈 곳이라곤 때리는 남편밖에 없었던 우리 엄마 용순 씨가 처음으로 내 눈에 보였다.

아마도 지금 내가 누리고 있는 평범한 모든 것을 엄마는 경험해보지 못했을 것이다. 엄마는 계절마다 새 옷을 사 입고 한껏 꾸민 채 나들이를 가봤을까. 갓 내린 커피 한 잔을 천천히 음미하며 마셔봤을까. 건강을 위해 영양제를 챙겨 먹으며 자신을 돌보아봤을까. 내가 알기로 젊은 시절의 엄마는 단 한 번도 엄마를 위해 돈과 시간을 써본 적이 없었다. 그건 엄마가 원한 것도, 엄마의 잘못도 아니었다.

그것을 자각하는 순간, 엄마를 향했던 원망과 날 선 마음들이 나를 향해 돌아왔다. 가슴팍이 저리도록 아팠다. 나로 인해 엄마가 느꼈을 고통에는 비할 수도 없겠지만. 한동안 엄마와 통화조차 하지 못했다. 엄마 목소리만 들어도 온몸에 눈물이 번져 말문이 막혔다.

* * *

1980년대 초, 식구들 입에 넣을 쌀도 부족했던 엄마는 어디서 쌀 한 가마니를 구해 와 철학관으로 갔다. 갓 태어난 딸 이름을 짓기 위해서였다. 숫기 없던 앳된 얼굴의 엄마는 품에 안겨 자는 나를 내려다보며 비장하면서도 간절하게 말했다.

"선생님 될 수 있는 이름으로 지어주세요."

받을 수, 빛날 경. 수경. 그렇게 내 이름이 만들어졌다. 사주와 작명 때문이었는지, 엄마의 꿈을 대신 이뤄야 한다는 강박 덕분이었는지, 나는 정말로 선생이 되어 아이들을 가르치며 밥벌이를 하고 있다.

엄마가 선생님이 되고 싶었다는 이야기를 어린 시절부

터 줄곧 들어왔다. 엄마는 초등학교 3학년 때 담임 선생님을 보며 꿈이란 걸 처음으로 갖게 되었다고 했다. 긴 생머리를 곱게 반묶음하고, 말끔한 양장에 매끈한 구두를 신은 선생님은 엄마 눈에 세상에서 가장 아름다운 사람이었다. 고운 목소리로 언제나 다정하고 따뜻하게 말씀해주시던 선생님.

"이담에 크면 저도 선생님이 될 거예요"

엄마가 말하면 선생님은 흐뭇한 미소를 머금고 엄마 머리를 쓰다듬어주었다.

"그럼, 용순이는 배움이 빠르니까 꼭 선생님이 될 수 있을 거야."

엄마는 선생님이 있는 학교에 가서 무언가를 새롭게 배우는 게 노는 것보다 즐거웠다. 유난히도 학교 가는 걸 좋아했다. 그러나 그때가 배움의 마지막 시기였다는 것은 미처 알지 못했다.

선생님이 되고 싶었던 엄마는, 어느 날 갑자기 학교에 다니지 못하게 되었다. 외할머니가 사기를 당하면서 온 가족이 대전에서 서울로 야반도주를 했기 때문이다. 좋아하던 선생님에게 마지막 인사도 못 드리고, 전학을 위한 마땅한 절차도 밟지 못한 채 살던 곳을 황급히 떠나는 바람에 엄마는 많이 울었다. 외할머니는 자리 잡는 대로 다시 학교에 다닐 수 있게 해주겠다고 엄마를 달랬다. 어린 엄마는 고개를 끄덕였다. 하지만 연고도 없는 서울 생활이 힘들지 않을 리 만무했다. 하루하루 먹고사는 문제가 시급한 마당에 가족 중 누구도 학교에 간다는 생각은 감히 품을 수 없었다. 엄마는 매일 아침 문 앞에 쪼그리고 앉아 등교하는 또래 아이들을 보며, 나는 언제쯤 학교에 갈 수 있을까만 생각했다. 그렇게 한 해 두 해 시간이 흘렀지만, 상황은 나아지지 않았다.

외할머니는 차차 삶을 내려놓았다. 밥은 입에 대지도 않고 매일 술만 마셨다. 막내 외삼촌을 임신해서 배가 불러왔지만 아랑곳하지 않고 술에 절어 살았다. 주머니에 돈이 없으면 자식들의 주린 배를 불릴 쌀을 들고 나가 술로 바꿔 마시기도 했다. 막내 외삼촌을 낳고 나서도 술 마시기를 멈추지 않았고, 전에 없던 이상한 행동마저 보였다. 한자도 모르는 사람이 종이에 붉은색으로 한자를 쓰고는 부적이라며 여기저기 붙이고 다닌 것이다. 동네 사람들은 아무개네 엄마가 신들렸다고 수군덕거렸다. 결국 외할머니는 막내 외삼촌을 낳은 지 1년도 되지 않아 세상을 떠났다. 그때 우리 엄마 나이는 고작 열넷이었다.

외할머니가 돌아가시면서 엄마는 학교 공부에 대한 미련을 접었다. 첫돌도 지나지 않은 갓난아기를 키워야 했고, 이미 어린 동생이 둘이나 더 있었다. 불행은 엄마의 사정 따위는 조금도 봐주지 않았다. 몇 개월 뒤 외할아버지가 교도소에 들어가는 일이 생겼다. 운전 일을 하던 외할아버지가 교통사고를 내 사람을 친 것이다. 당시 보험 제도가 지금 같지 않아서 구치소에 수감될 수밖에 없는 상황이었다.

엄마는 졸지에 소녀 가장이 되었다. 아직 어린 엄마는 자신보다 더 어린 동생 셋을 먹여 살려야 했다. 동생들이 모두 잠들면 엄마는 전기가 끊긴 방에 촛불을 켜놓고 쪽잠을 자며 일했다. 어린 여자애가 생계를 위해 할 수 있는 일은 별로 많지 않았다. 동네에 있는 가발 공장에 다니는 아저씨가 가발을 한 무더기 가져다주면 가발에서 머리카락을 뜯어내는 게 어린 엄마가 찾은 일감이었다. 때론 배냇저고리 뜨는 일도 했다. 학교에 가는 대신 동네 아줌마들 틈바구니에서 젓가락을 들고 어깨너머로 배운 뜨개질이 생계 유지에 도움이 되었다. 저고리 한 개를 완성하면 60원을 받았다. 하룻밤에 서너 개씩 만들어서 아침이 되면 공장에 가져다줬고, 그렇게 받은 돈으로 보리쌀을 사와 밥을 지어 동생들을 먹였다. 거친 보리쌀을 먹기에는 너무 어렸던 막냇동생에게는 미음을 쒀서 먹이며 키웠다. 엄마는 태어나 엄마 젖도 못 물어본 불쌍한 애라며 막내 외삼촌을 유난히 애달파했다. (엄마에게 자식이나 다름없었던 막내 외삼촌은 어린 자식 셋을 남겨둔 채 일찍 세상을 떠났다.)

외할아버지가 출소한 뒤 엄마는 잠시 야학에 다녔다. 늦었지만 여전히 배우고 싶었다. 배워서 선생이 되어 교탁 앞에 서 있는 자신의 모습을 상상했다. 낮엔 돈을 벌고 밤엔 공부하며 모진 시간을 버텼다. 그러나 세상은 엄마에게 여전히 호의적이지 않았다. 얼마 지나지 않아 외할아버지가 병환으로 드러누웠다. 하늘이 시기하는 것일까. 조금의 행복도 허락하지 않는 것일까. 엄마는 자신을 돌아보지 않는 하늘 앞에서 더 이상 배움에 욕심내지 않겠다고 마음먹었다. 당장에 먹고사는 일이 시급했다. 그러나 밤낮없이 일해봤자 손에 들어오는 돈은 얼마 되지 않았고 몸만 고되었다. 허드렛일하며 멸시당하고 남편에게 맞으면서 생각했다. 초등학교라도 졸업했다면 다른 선택을 할 수 있었을 텐데. 조금이라도 배웠다면 지금보다 좀 더 나은 삶을 살 수 있었을 텐데. 그런 아쉬움은 갓 태어난 딸을 보며 이를 악물게 했다. 엄마는 다짐하고 또 다짐했다.

'너는 나와 달라야 해. 내가 어떻게 해서든 너는 편히 살도록 할 거야.'

눈물 많고 여렸던 엄마, 선생님이 되고 싶었던 엄마는 자신이 품었던 꿈은 버리고 자식의 꿈을 위해 억척스럽게 살았다. 없는 형편에도 자식들 학업에는 지장이 없도록 덜 먹고 덜 쓰고 덜 자면서 일했다. 궁상맞게 사는 엄마를 창피해하고 못마땅하게 생각한 때도 있었지만, 그런 엄마가 있어서 지금의 내가, 지금의 우리가 있을 수 있었다는 사실을 나는 안다.

* * *

추석 때 친정 식구들과 특별한 이벤트를 했다. 일명 '딸 부잣집 가족 게임'. SNS에 돌아다니는 가족 게임 영상을 본 동생이 우리에게 딱이라며 제안했다. 영상 속에는 친정 엄마와 세 명의 딸이 등장한다. 나란히 선 딸들 앞에 물이 담긴 세숫대야가 놓이면, 딸들은 허리를 숙여 얼굴을 세숫대야 가까이에 가져간다. 준비가 끝나면 사위가 "이 중에서 가장 엄마 속을 썩인 딸은?" 등등의 질문을 하고, 친정 엄마가 질문의 답에 해당하는 딸의 머리를 눌러 물을 먹이는 게임이다. 하는 사람도 보는 사람도 재미있었다. 우리는 딸만 넷이니 더 재미있을 터였다. 식사를 마치고 게임을 진행했다.

게임은 물론 즐거웠다. 엄마는 오랜만에 무척이나 신이 나 보였고, 우리 자매 모두 물을 먹으면서도 웃음이 떠나지 않았다. 그러나 한편으로는 물을 먹기도 전에 코끝이 찡해지는 바람에 눈에 힘을 주어 눈물을 보이지 않으려 애써야 했다. 엄마가 나를 물에 담근 질문들은 다음과 같다.

-눈물이 가장 많은 딸은?

-술주정 꼴 보기 싫은 딸은?(이건 좀 억울하다. 13년 전에 딱 한 번이었는데.)

-가장 아픈 손가락인 딸은?

-가장 키우기 힘들었던 딸은?

-다시 태어나면 내 엄마가 되었으면 하는 딸은?

나와 엄마의 서사를 알고 있는 지인들은 영상을 보고 눈물이 났다고 한다. 모든 질문이 뭉클했지만, 마지막 질문에 대한 여운이 가장 길게 남았다. 벌칙을 당해 물을 먹고 난 뒤에 나도 엄마에게 말했다.

"그래, 엄마, 내 딸 하자."

진심이었다. 다시 태어난다면 엄마의 엄마가 되어, 넘칠 만큼의 사랑을 주고 싶었다. 모진 세상에 던져진 엄마를 지켜내고 싶었다. 배곯지 않게 충분히 먹이고, 길에서 주워 온 옷이 아닌 깨끗한 원피스를 입히고, 학교에 다니며 공부할 수 있게 해주고 싶었다. 엄마 몸에 상처 내는 남자는 얼씬도 못 하게 떼어놓고, 온 마음 다해 사랑해주는 남자를 만나게 하고 싶었다. 삶이 부대끼고 지칠 때면 언제든 기댈 수 있는 든든한 버팀목이 되어주고 싶었다. 다만 이런 마음을 먹기까지 꽤 오랜 시간이 걸렸다는 것을 이제 와 비로소 깨닫는다.

내 곁을 지켜준 유일한 어른

'○○중 3학년 유수경 핀급 금메달.'
종이 신문만 있던 그 옛날, 내 이름이 경인일보에 실렸었다. 수원시장배 태권도 대회에서 금메달을 땄기 때문이다. 태권도를 시작한 건 중학교 1학년 때였다. 남자애들만 득실거리는 곳에 가고 싶지 않았지만, 부모님의 권유로 옆 동네 태권도장에 다니게 되었다. 부모님이 나를 태권도장에 보낸 이유는 두 가지였다. 겁 많고 잘 우는 큰딸이 강해지길 바라는 마음, 학원 한 개의 교육비로 '태권도'와 '공부' 두 가지를 할 수 있다는 경제적 혜택.

내가 다닌 태권도장은 이상한 곳이었다. 태권도 교육비만 내면 무료로 공부를 봐주었다. 태권도장에는 운동하는 장소 말고도 별도의 교실이 있었는데, 다섯 시쯤 하교한 아이들 모두 그곳에서 운동 시간을 기다리며 공부했다. 운동을 마치면 저녁 아홉 시. 평일 네 시간을 태권도장에 머무는 셈이었다.

태권도장은 주말에도 문을 열었다. 중학생들은 아침 여덟 시부터 오후 여섯 시까지 태권도장에서 공부해야만 했다. 종일 앉아 공부하다 집에 갈 때쯤, 하루 동안 공부한 것들을 관장님께 검사받았다. 관장님이 문제집 아무 부분이나 펼친 후 질문을 했고, 바로 대답하지 못하면 어김없이 빠따를 맞았다. 특별한 사유 없이 결석해도 빠따였다. 그 외에도 빠따를 맞는 경우는 다양했다. 영어 단어 시험에서 틀린 개수대로 빠따, 공부 자세가 흐트러지거나 잡담하면 빠따, 지각하면 빠따, 언행이 바르지 않으면 빠따.

종종 관장님이 오지 않는 주말도 있었는데, 그런 날에 아이들은 한껏 들떠 있었다. 우리는 감시가 없는 틈을 타서 공부 아닌 다른 것들을 했다. 남자애들은 축구와 장기, 동전 뒤집기 같은 놀이를 했고, 여자애들은 음악을 들으며 좋아하는 오빠에 대해 이야기하거나 몰래 나가서 간식을 사 먹었다. 그러다 예고 없이 들이닥친 관장님께 딱 걸려서 단체로 벌을 받은 적도 있었다.

그러나 관장님의 교육이 빠따로만 끝났더라면 30년이 지난 지금까지 당시의 제자들이 관장님을 찾아뵙는 일은 없었을 것이다. 엄격해 보이는 스파르타식 교육 이면에는 헤아릴 수 없이 큰 사랑이 존재했고, 아이들은 누구나 그걸 알아볼 수 있었다.

주말에 태권도장에서 공부하다 보면 밥 먹은 지 얼마 되지도 않았는데 금세 배가 고팠다. 여기저기서 꼬르륵 소리가 날 때쯤 관장님은 제과점 빵을 한 아름 사 들고 공부방으로 들어왔다. 자습을 멈추고 먹는 소보로와 단팥빵은 값비싼 케이크보다 맛있었다. 고작 몇 대의 선풍기에 의지해 삐질삐질 흐르는 땀을 닦으며 공부하던 여름날, 관장님이 사준 아이스크림에는 에어컨 바람으로는 느낄 수 없는 시원함이 있었다. 차갑고 달달한 아이스크림을 입에 물고 관장님의 이야기를 듣는 순간은 내가 가장 좋아하는 시간이기도 했다. 관장님이 자기 삶에 찾아왔던 많은 위기를 어떤 노력으로 이겨냈는지, 그런 위기가 지나간 뒤 무엇을 느끼고 깨달았는지 들으며 나도 관장님처럼 강하고 지혜로운 어른이 되고 싶다고 생각했다.

스승의 날과 관장님 생신은 1년 중 아이들이 가장 좋아하는 날이었다. 그날은 마지막 타임 운동도 하지 않고 치킨과 피자, 과자를 원 없이 먹을 수 있었다. 이날만큼은 우리가 관장님에게 대접해야 하건만, 주인공인 관장님이 되레 기념일 턱을 냈다. 관장님이 우리에게 원한 건 단 하나, 편지였다. 다른 아이들은 쓸 말이 없다며 투덜거렸지만, 나는 하고 싶은 말이 무척 많았다. 내가 관장님에게 쓴 여러 통의 편지 중에는 바다에 데려가주셔서 감사했다는 마음도 적혀 있을 것이다.

바다를 처음 본 건 중학교 2학년 때였다. 태권도장에 다니면서 난생처음으로 가본 바다였다. 텔레비전에서만 보던 딱 텔레비전 브라운관 크기만큼의 바다가 아닌, 끝을 짐작할 수 없는 광활한 바다가 눈앞에 있었다. 넘실거리는 바다가 믿기지 않아서 출렁이는 파도를 보며 울렁이는 가슴을 도닥거렸다. 이토록 넓은 세상이 있었구나. 내가 살고 있는 세상은 얼마나 좁았던 걸까. 앞으로 나는 또 어떤 세상을 만나게 될까. 자연의 경이로움 앞에서 기대와 두려움이 함께 일렁였다. 당시 나의 첫 바다가 된 서해의 만리포해수욕장 풍경은 제주의 청록 바다보다도 아름답게 내 기억 속에 머물고 있다. 2박 3일 동안 함께 밥을 지어 먹고 뜨거운 땡볕 아래서 살을 그을리며 놀던 시간, 모닥불 앞에 모여 앉아 두런두런 나누던 이야기 또한 여전히 내 가슴에 살고 있다. 아이들에게 오래도록 꺼지지 않을 뜨거운 추억을 남겨주고 싶은 관장님의 마음을 알았기에 나는 빠따를 맞으면서도 관장님을 원망하지 않았다.

가난한 동네에서 태권도장을 운영하던 관장님은 아이들에 대한 마음이 남달랐다. 어려운 환경에서 제대로 교육받지 못하는 아이들을 안타까워했고 그들의 미래를 걱정했다. 마음에 이는 감정은 신의 계시처럼 느껴졌다. 자신이 왜 이곳에 오게 되었는지, 해야 할 일이 무엇인지 말해주는 것 같았다. 아이들이 주어진 환경을 깨고 나와 더 나은 삶을 살 수 있도록 발판을 마련해주는 일. 관장님은 그것을 숙명으로 여겼다. 무엇보다 공부와 심신 단련이 먼저였다. 관장님은 시간과 돈, 체력과 마음을 써가며 아이들을 교육하는 데 열정을 쏟았다. 때려서라도 아이들을 바로잡아주려고 무던히 애썼다.

거친 바람과 성난 파도의 시기를 온몸으로 겪어야 했을 중학생들은 관장님 품에서 따뜻한 바람과 잔잔한 파도를 타며 안전하게 보냈다. 태권도장에 단단히 묶인 덕에 세상의 유혹에 흔들리지 않을 수 있었다. 나 역시 마찬가지였다. 누구보다도 관장님에게 많은 것을 받았다. 따뜻한 눈빛, 애정, 인정, 믿음. 모두 형체는 없지만 사람을 살게 하는 강력한 것들이다.

관장님은 울기만 하고 똑똑하지도 않은 내게 '똑순이'라는 별명을 지어주었다. 운동 못하고 겁 많은 나를 태권도 대회에 출전시켜 도전과 용기, 성취감과 자신감 같은, 내가 그전까지 느껴보지 못한 것들을 경험할 수 있게 했다. 이유가 무엇인지는 몰라도, 늘 내게 진중한 눈빛을 가진 아이라고, 훌륭한 사람이 될 거라고 확신에 차서 말해주었다. 좌절하고 무너질 때마다 마음을 채워주는 말로 나를 다독였다.

"넘어져도 괜찮아, 다시 일어나면 되니까."

"두려워 말고 앞으로 나가거라. 넌 할 수 있어. 네 뒤에 내가 버티고 있다는 걸 잊지 말아라."

확실히 관장님은 엄하고 무서운 분이었다. 관장님의 교

육관이 맞지 않아 떠나간 아이도 많았다. 그래도 내게는 꼭 필요했던 고마운 손길이었다. 태권도장은 폭력과 불안이 가득한 집에서 잠시나마 도망칠 수 있는 안전하고 따뜻한 도피처가 되어주었다. 마음 둘 곳 없던 그때, 관장님은 내 곁을 지켜준 유일한 어른이었다.

    관장님이 내 인생에 손을 뻗지 않았더라면 아마도 지금의 나는 없었을 것이다. 교사가 되어 아이들을 가르치는 지금, 나와 관계 맺고 있는 이들을 만날 때, 나는 간절히 바란다. 나도 관장님처럼 누군가에게 은인이 되어줄 수 있기를, 따뜻하게 손잡아줄 수 있기를. 물론 그때처럼 사랑의 매로 아이들을 가르칠 수는 없겠지만, 인생의 한 지점에서 누군가 자신을 진심으로 위해주었다는 걸 기억하고, 그 기억이 삶의 균열을 조금이라도 메워주기를 소망한다.

함께 있는 것만으로도

처음으로 태권도장에 간 날을 생생히 기억한다. 가을이었다. 나는 청바지에 주황색 남방에 청조끼를 입고 있었다. 태권도장은 운동하는 곳, 공부하는 교실, 사무실, 탈의실, 이렇게 네 개의 공간으로 분리되어 있었는데, 내가 간 시간은 초등부 타임이었고, 중학생들은 교실에서 각자 공부하는 중이었다. 관장님은 나를 데리고 교실로 들어갔다.

"집중!"

이 한마디에 공부하고 있던 또래들이 허리를 곧게 세우고 무시무시한 눈빛으로 내 쪽을 바라봤다. 살면서 그렇게 주목받은 적은 처음이었다.

"오늘부터 너희들과 함께 운동하고 공부할 친구다. 친절하게 잘 대해주거라. 괴롭히면 빠따다."

군기가 바짝 든 애들은 일제히 "네!" 하고 대답했다. 그 애들 중에는 지금 내 남편이 된 형준도 있었다.

형준은 나를 처음 본 순간 왠지 나와 결혼할 것 같은 느낌을 받았다고 한다. 하지만 나보다 더 숫기 없던 어린 남자애는 내게 말조차 건 적 없고, 오히려 남보다 무관심하게 대했다. 그런 이유로 태권도장에 다닌 3년 동안 형준에 대한 기억은 거의 없다. 그저 얼굴에 화상 자국이 있는 조용하고 마른 애라는 게 기억의 전부다.

형준이 나를 몰래 좋아하고 있던 때, 나는 다른 사람을 바라보고 있었다. 죽고 싶지만 떡볶이는 먹고 싶다던 어느 작가처럼, 나도 죽고 싶지만 사랑은 하고 싶었다. 그 사람은 한 살 많은 오빠였고, 그 역시 나를 좋아하고 있었다. 사귀는 건 아니었지만 우리는 서로가 서로를 특별하게 여기고 있다는 걸 알았다. 형준을 비롯한 태권도장의 아이들도 모두 알고 있었다. 그와 편지를 주고받으며 사귀는 듯 사귀지 않고 스무 살을 맞았다. 조용한 사랑은 그가 군대에 가며 자연스레 끝이 났다.

* * *

스무 살이 되며 형준과 나는 종종 만났다. 함께 운동하던 동갑내기 친구들 대여섯 명과 함께. 언제나 다 함께였다. 술도 마시고 노래방도 가고 놀이공원도 가고, 그 당시의 청년들이 할 만한 것들을 하며 우정을 쌓았다. 우정. 형준과 달리 내게는 여전히 우정이었다. 친구들은 하나둘 까까머리로 입대했고 살이 오른 모습으로 제대했다. 그사이 나는 대학교 졸업반이 되었고, 학기 말에 임용고시를 봤다. 시험이 끝나고 최종 합격 발표일까지 두 달 넘는 시간이 있었다. 형준 역시 제대 후 3월 복학을 앞두고 시간이 흘러 넘쳤다. 이런 상황을 알고 있는 태권도 관장님은 우리를 불러 중학생 그룹 과외를 해보면 어떻겠냐고 제의했다. 그 덕분에 우리는 그 겨울, 아이들 과외를 위해 태권도장에서 매일 만났다.

   10년간 친구로 지내던 우리가 연인이 된 건 나의 실패 덕분이다. 임용고시 1차 합격 후 2차도 당연히 합격할 거라 자신만만해하고 있었는데, 똑 떨어지고 말았다. 응시 지역은 달랐지만 친한 친구들은 모두 합격한 터였다. 나름 열심히 노력했고 졸업시험 성적도 우수했기에 그 좌절감이 더 크게 다가왔다. 무엇보다도 당시 나는 빨리 합격해서 돈을 벌어야 하는 상황이었다. 엄마 혼자서 우리 여섯 식구의 생계를 책임지고 있었으니까.

몇 날 며칠 울기만 했다. 억울했고, 창피했고, 막막했다. 그리고 엄마한테 미안했다. 원래도 희미했던 자존감은 흔적도 없이 사라졌고, 우는 것 말고는 할 수 있는 게 없었다. 그때 형준이 내 옆에 있어주었다. 형준은 매일 내게 MSN 메신저로 말을 걸었다.

[뭐 하냐?]

[그냥 있지 뭐.]

[아, 심심하다. 할 일 없으면 나랑 놀자.]

대개 우리는 인기 있는 게임 사이트에 접속해 테트리스를 하며 놀았는데, 내가 할 줄 아는 게임이 테트리스밖에 없어서였다. 가벼운 대화를 주고받으며 게임을 하다 보면 금세 새벽이 되었다. 졸음이 쏟아져 그만 자야겠다고 인사할 때쯤 형준은 말했다.

[괜찮냐? 울지 말고 잘 자라. 너, 울면 되게 못생겨지는 거 알지?]

거창한 위로의 말도, 힘이 되는 응원의 말도 없었지만, 형준의 마음이 느껴졌다. 형준은 매일 밤 나를 위해 자신의 시간을 썼다. 좋아하지도 않는 시시한 테트리스를 하면서 티 나지 않게, 부담스럽지 않게 나를 쓰다듬어주었다.

어영부영 3월이 되었고, 형준은 복학해서 1호선과 7호선을 갈아타며 학교에 다녔다. 나는 임용고시 재수생으로 1호선을 타고 노량진 학원가로 들어갔다. 우리는 각자의 수업을 마치고 수원으로 돌아갈 때, 가산디지털단지역에서 만났다. 노량진에서 먼저 전철을 탄 나는 몇 번 칸에 탔는지 형준에게 문자를 보내 알렸다. 15분 뒤 내가 탄 전철이 가산디지털단지역에 도착하면 내 바로 앞 전철 칸의 문이 열리고 형준이 헤벌쭉 웃으며 전철 안으로 들어왔다. 전철에 들어서자마자 내 어깨에 들린 가방을 자신의 어깨로 옮기고는 종알종알 일과를 보고했다.

그렇게 매일 만나던 우리는 연인이 되었다. 고단하고 무미건조한 동네 노량진. 그곳에서 에너지를 다 쓰고 1호선 전철에 올라타면 나도 모르게 충전이 되는 것 같았다.

형준을 만나면 그날의 힘듦이 노곤하게 풀어졌다. 흔들리는 전철 안. 사람들로 촘촘히 채워진 좁은 공간에서 치이고 부대꼈지만, 형준이 손을 잡아주어서 넘어지지 않고 설 수 있었다.

* * *

우리를 아끼는 사람들은 우리가 만나는 걸 반대했다. 형준과 내가 가지고 있는 탐탁지 않은 공통점 때문이었다. 나는 네 자매의 장녀, 형준은 오 남매의 막내였다. 우리는 우리보다 형제자매가 많은 친구를 만나본 적이 없다. 두 집 모두 가난했고, 양 가정의 아버지들은 몸이 편찮으셨다. 가족 많고 가난하고 환자까지 있는 집에서 일어날 수 있는 여러 어려움이란 누구나 어렵지 않게 상상할 수 있을 것이다. 물론 나도 알고 있었다. 그러나 형준은 자신이 속한 삶의 배경을 무화할 정도로 좋은 사람이었다. 가난하고 가족이 많다고, 가족 중에 환자와 장애인이 있다는 이유로 형준을 놓기에 때는 늦은 뒤였다. 나는 그가 가진 고귀한 것들을 이미 알아버리고 말았다.

내가 형준과 6년을 만나는 동안 엄마는 한결같이 반복해 말했다. 친구로 건전하게 지내라고. 그 말에는 결혼은 안 된다는 의미가 들어 있음을 나도 형준도 알고 있었다. 그러나 우리는 아랑곳하지 않고 만났고, 어느 순간 엄마는 조용한 반대를 멈췄다. 6년간 형준의 착한 성품과 반듯함을 지켜보면서 엄마의 마음이 움직인 것이다. 나와 형준은 긴 연애를 끝내고 부부가 되었다.

결혼하고 반년 만에 형준의 아버지가 돌아가시고 다시 반년 후 내가 아팠다. 정신과에 다니며 약물에 의지해 꾸역꾸역 살았지만 30년 동안 품고 살던 과거의 응어리는 쉽게 풀리지 않았다. 곪은 상처를 마주하며 나를 찾아가는 시간은 가혹했고, 과거에 묶인 나는 좀처럼 앞을 향해 발을 내딛지 못했다. 속절없이 흔들리던 삶이라는 전철을 탄 나는 계속해서 형준에게 매달려 버텼다. 넘어지고 지쳐 쓰러지면 다시 일어섰다. 주저앉은 나를 따스한 눈빛으로 바라보며 손잡아주던 형준이 있어서 가능한 일이었다. 내가 무얼 하든 다 괜찮다고, 옆에만 있게 해달라고, 살아만 달라고 말하던 형준이 나를 일으켜 세웠다.

***

코로나가 전 세계를 장악하기 직전인 2020년 1월 16일 아침, 나는 매우 분주했다. 베란다 문을 활짝 열고 바깥의 찬 공기를 불러들였다. 전날까지 사용하던 침대보와 이불을 걷어내고 미리 세탁해놓은 깨끗한 침구로 새 단장을 했다. 집 안 구석구석 청소기를 돌리고 환기를 시킨 뒤 식탁에 앉아 커피 한 잔을 마셨다. 전날 제대로 잠을 이루지 못한 채 뒤척이다 눈을 떴지만 피곤하지 않았다. 오히려 마음이 들떠 있었다.

'오늘이 왔구나. 드디어 오늘이 왔어.'

아이와 점심을 먹고 가장 예쁜 옷을 꺼내 입었다. 평소보다 더 공들여 화장하고 머리 손질에도 신경을 썼다. 거울 속의 나는 기분 좋게 상기된 얼굴이었다. 가슴은 쉴 새 없이 콩닥거렸다.

오후 세 시, 인천공항으로 향하기 전 핸드폰을 열어 뉴스를 검색했다. 특별한 기사는 없었다. 안심하고 아이를 차에 태워 공항으로 출발했다. 운전을 처음 시작했을 때처럼 눈에 힘을 주고 허리를 꼿꼿이 세웠다. 공항에 무사히 도착해야 했다. 서둘러 공항에 도착한 뒤에는 입국장 앞 벤치에 앉아 전광판만 바라보았다. 비행기 사고 소식은 없는지, 기상 상태는 괜찮은지 확인하며 떨리는 마음을 가라앉혔다. 일곱 살 아들은 내 주변을 빙빙 돌며 아빠는 언제 오냐는 질문만 반복했다.

다섯 시 삼십 분이 되자 중국에서 도착한 비행기 소식이 전광판에 올라왔다. 이제는 전광판 대신 꽉 쥐고 있던 핸드폰만 바라보았다. 잠시 후 메시지가 도착했다.

[여보, 나 도착.]

크게 안도하며 두 손을 모았다. 세상의 모든 신께 감사의 마음을 전했다. 잠시 후, 입국장 문이 열리고 사람들이 앞다투어 몰려나왔다. 반가워서 환호성을 지르는 사람, 달려가서 안기는 연인들. 많은 이들의 만남을 보고 있으니 마음이 더욱 뭉클했다. 나도 빨리 남편을 만나고 싶었다. 또 한 차례 입국장 문이 열렸을 때 남편의 모습이 보였다. 커다란 캐리어가 여러 개 담긴 카트를 밀며 우리를 찾아 두리번거렸다.

"아빠."

신이 나서 뛰어가는 아이와, 아이를 번쩍 들어 올리는

남편을 보자 눈시울이 뜨거워졌다. 남편은 한 손으로 아이를 안고 다른 한 손으로는 나를 끌어안으며 말했다.

"2년 동안 고생 많았어. 건강히 지내줘서 고마워."

"내가 더 고마워. 무사히 우리 곁에 와줘서."

* * *

2017년, 휴직하고 남편을 따라 중국으로 갔다. 주재원 파견 근무를 고민하고 있던 남편에게 호기롭게 함께 가자고 했던 건 나였다. 아이를 어린이집에 보내지 않고 좀 더 품 안에서 키우고 싶었는데, 3년의 육아휴직이 끝나갈 무렵이어서 주재원은 좋은 기회라고 생각했다. 중국에서 3년을 살고 한국에 돌아오면 아이는 일곱 살. 그 정도면 정서적으로 안정감 있게 키울 만한 충분한 시간일 것 같았다.

그러나 계획은 보기 좋게 틀어졌다. 가장 큰 이유는 내가 중국 생활에 적응하지 못해서였다. 결국 1년 만에 나와 아이만 한국으로 돌아왔다. 남편 없이 지내는 건 쉽지 않았다. 몸이 아파도 쉴 수 없었고, 주말은 출근하지 않는 평일이나 다름없었다. 직장을 다니며 홀로 아이를 키우는 게 힘에 부쳐서 울기도 많이 울었다. 어린이날이나 명절 같은 기념일에는 마음이 한없이 가라앉았다. 더욱이 남편은 내게 단순한 의미의 배우자가 아니었다.

가장 행복해야 할 신혼 때, 나는 어린 시절의 상처를 치유하느라 약에 찌들어 살았고, 그러는 동안 남편은 힘든 내색 한 번 없이 묵묵히 내 곁을 지켜주었다. 반복되는 자해와 일탈 앞에서도 나를 바라보는 남편의 눈빛은 조금도 흔들림 없었고, 언제나 온화했다. 그게 더 아프고 미안해서 내 쪽에서 일부러 남편을 놓으려 한 적도 있었다.

"우리 그만하자. 이혼해. 더는 너한테 추한 모습 보이고 싶지 않아."

"너 없이는 내 인생도 없어."

"너까지 아프게 하고 싶지 않아. 내 옆에 있으면 너도 불행해질 거야."

"나 하나도 안 힘들어. 지금 네 옆에 있는 사람이 나라서 오히려 감사하고 행복해. 내 옆에서 아픈 게 얼마나 다행이야. 편하게 아파해도 돼."

분명 사랑이었고 진심이었다. 남편은 내가 편히 방황하도록 따뜻하게 돌봐주었다. 뒤늦게 겪는 나의 사춘기를 부모 같은 마음으로 보듬었다. 내가 무얼 하든 다 괜찮다고, 내 잘못이 아니라고, 그럴 수 있다고 힘주어 말했다. 부모에게도 받아본 적 없는 무조건적인 사랑을 처음으로 느꼈다. 대가 없는 사랑이 쌓이자 제대로 살아보고 싶다는 의지도 생겼다. 있는 그대로의 내가 사랑받을 수 있다는 믿음은 정제된 약보다 효과가 좋았다.

사람의 뇌는 힘들고 불행했던 기억에 비해 즐겁고 행복했던 일을 상대적으로 쉽게 잊는다고 한다. 남편을 기다리며 설렘 가득했던 아침, 건강하게 돌아와준 것에 대한 고마움, 공항에서의 감격스러운 포옹은 일상에 묻혀 자연스레 옅어져만 간다. 작은 일에 서운해하고 사소한 말다툼을 벌이기도 한다. 하지만 기분이 나빠 있다가도 하루를 넘기지 않고 남편에게 손을 내민다. 이렇게 한 공간에 있다는 게, 서로를 쓰다듬을 수 있다는 게 얼마나 다행인지 생각하며 마음을 다독인다. 오래전 우리가 함께 아파했던 시간, 떨어져 살며 그리워했던 시간이 평범한 오늘 하루를 소중하고 감사히 여기게 만들어주었다는 사실을 언제까지나 잊지 않고 싶다.

마지막 선물

핸드폰에 부재중 전화가 여러 건 찍혀 있었다. 엄마였다. 그 순간, 할머니가 돌아가셨다는 걸 직감했다. 장례식에 가야 할지 말아야 할지 결정하지 못한 채로 엄마에게 전화했다. 수화기 너머의 엄마는 울먹이며 할머니의 부고를 전했다. 나는 울지 않았다. 옆집 할머니가 돌아가셔도 눈물을 펑펑 쏟는 내가, 모르는 사람이 우는 걸 봐도 따라 우는 내가, 할머니의 죽음에는 무감각했다. 이런 날이 온다면 절대 울지 않겠다고 오래전부터 다짐했기 때문이다.

할머니를 마지막으로 뵌 건 6년 전이었다. 아이와 함께 친정에 갔다가 우연히 할머니와 마주쳤다. 20년 만에 만난 할머니는 백발이었다. 엄마와 내게 입에 담기 어려운 욕과 악담을 퍼붓던, 절대 늙지 않을 것 같던 사람이 지팡이에 의지해 걷는 힘없는 노인이 되어 있었다.

"수경이니? 네가 애 엄마가 다 됐구나."

나는 고개만 살짝 숙이고 자리를 피하려 했다. 그 목소리만으로도 오래전 느낀 쓰디쓴 감정들이 불시에 온몸에서 되살아났다. 나를 향하던 할머니의 싸늘한 눈빛과 표독스럽게 쏘아붙이던 말들이 할머니의 얄팍한 입술에서 금세라도 튀어나올 것만 같았다. 어이없게도 나는 여전히 겁을 집어먹고 있었다. 그러나 할머니는 내 기분은 아랑곳없이 주머니에서 만 원짜리를 꺼내 아이에게 주었다. 몇 살이냐 묻고 이런저런 대화를 하는 동안, 나는 식은땀을 흘리며 서 있어야만 했다. 심장이 너무 빨리 뛰는 바람에 어서 그 공간을 벗어나고 싶었다. 짐을 챙긴 뒤 건성으로 인사하고 문을 나서는데 할머니의 음성이 뒤따라 나왔다.

"딸을 낳아야지, 아들 소용없다."

긴장하며 떨고 있던 나는 그 말에 정신을 차릴 수 있었다. 묵직한 설움과 분노가 발끝에서부터 올라왔다. 그러나 대꾸하는 대신 아이 손을 붙잡고 부들부들 떨며 집으로 향했다. 오는 내내 할머니의 말을 곱씹었다. 딸을 낳아야 한다고? 아들 소용없다고? 맏며느리인 엄마가 딸만 낳았다고 엄마와 우리를 그토록 구박하더니 이제 와 그게 나한테 할 소리인가? 화가 치밀었다. 할머니 앞에서 아무 말도 못 하고 도망치듯 나온 내가 바보처럼 느껴졌다.

* * *

20년 넘게 할머니를 비롯해 아버지 형제들과 관계를 끊고 살았던 엄마는 과거를 정리하고 그들과 조금씩 왕래하며 지내고 있었지만 나는 그러지 못했다. 엄마를 무시하는 언행들, 부부싸움을 유도하고 비웃듯 바라보는 눈빛들을 여전히 또렷이 기억했다. 아니, 그들이 할퀴어놓은 상처를 붙들고 틈틈이 괴로워하며 살고 있었.

나도 분명 피해자였고 사과받아야 마땅하다고 생각했다. 엄마한테 과거를 사과한 할머니가 왜 나에게는 사과하지 않았는지, 왜 내 상처는 알아주지 않고 떠났는지, 속상하고 분했다. 장례식에 가고 싶지 않았다. 남들보다 못한 사이로 지냈고 서로 좋은 감정도 없는데, 관습이라 억지로 예를 차리는 게 가식 같아서 싫었다. 더욱이 장례식에 가면 아버지 형제들을 만나야 하는데, 그건 나에게 또 다른 괴로움이 될 터였다.

전화를 끊고 종이를 꺼내 반으로 접었다. 한쪽에는 장례식에 가야 할 이유를, 반대쪽에는 가지 않아도 될 이유를 적어나갔다. 가지 않아도 될 이유 중에는 '아버지 형제들을 보고 발작할까 봐, 거기서 쓰러질까 봐 겁이 난다'는 것도 있었다. 나는 아직도 그들이 주었던 공포의 기억을 가슴에 지니고 있었다. 그런 내가 너무나 가여웠다. 마흔이 넘은 나이에도 사라지지 않는 감각을 붙들고 있는 내가.

고민 끝에 결국 장례식에 갔다. 오직 엄마를 위해서였다. 엄마가 난처한 상황에 처하거나, 예전처럼 사람들이 엄마를 막 대한다면 내가 곁에서 지켜주고 싶었다. 더는 울고만 있는 어린애가 아니란 걸 만천하에 보여주고 싶었다. 거기에 할머니에 대한 예우 같은 건 조금도 없었다.

장손녀인 내가 가장 늦게 장례식장에 도착했다는 걸 알게 되었다. 향냄새가 온몸에 꽉 들어찬 것처럼 숨쉬기 힘들었다. 가슴이 답답하고 입안이 바싹 말랐다. 상복을 입기 위해 상주실로 가는데 영정사진 속 할머니의 시선이 느껴졌다. 나는 반대편으로 고개를 돌렸다. 혹여라도 내가 울어버릴까 봐 염려되었다. 사람들이 내 눈물을 회한이나 슬픔으로 오해하는 게 끔찍이도 싫었다. 수십 년 만에 만나는 친척들과 어색하게 인사하고 자리를 지켰다. 장례를 치르는 동안 내가 가장 많이 한 건 창밖을 바라보며 그저 가만히 앉아 있는 일이었다.

늦은 밤, 문상객이 뜸한 시간이 되었을 때 친척들이 한자리에 모여 앉았다. 나는 거기 어울리지 못하고 다른 테이블에 앉아 무용한 시간을 보냈다. 그러다 문득 내 이름이 들려 귀를 열었다. 고모부와 엄마의 대화였다.

"수경이 어렸을 때 얼굴이 그대로 있네요."

"쟤도 마흔이 넘었어요. 애가 벌써 4학년이에요."

"어렸을 때 지 아버지 술 마시고 난동 부리면 구석에 웅크리고 앉아 벌벌 떨면서 울던 게 생각나네요. 수경이가 어렸을 때부터 마음고생 많았죠."

"어머니는 어떻고요. 애한테 얼마나 모질게 대했는데요. 다 커서도 오랫동안 힘들어했어요. 그래서 쟤만 보면 마음이 아파요."

생각지도 못한 내용의 대화에 눈시울이 뜨거워졌다. 급히 자리에서 일어나 밖으로 나갔다. 1층 로비에 앉아 유리창에 비친 내 모습을 보며 울었다. 슬프고 아파서가 아니었다. 그때의 나를 기억해주는 사람이 있어서, 그 마음이 고마워서였다.

다음 날도 조문 온 문상객들에게서 비슷한 위로가 이어졌다. 분명 할머니의 장례식인데도 내게 와 나를 안아주고 어깨를 토닥이며 어린 네가 고생 많았다고, 이렇게 잘 커서 다행이라고 이야기했다. 오랫동안 얼어 있던 마음이 녹아 눈물로 흘러내렸다. 아무도 내 아픔을 모른다고 생각했는데, 그걸 알아주는 이가 있다는 게 이토록 큰 위로가 되는구나. 위로에는 거창한 말이 필요하지 않다는 걸, 상대의 힘듦을 알아주는 것만으로 충분하다는 걸 새삼스레 깨닫는 순간이었다.

장례 사흘째, 발인과 운구를 끝내고 화장터로 갔다. 화장이 진행되는 동안 가족들은 할머니에게 마지막 인사를 올렸다. 장남인 아버지를 시작으로 나머지 형제들도 차례대로 절을 했다. 한 대가 넘어가고 장손녀인 내 차례가 되었다. 장례식에 올 때만 해도 이 시간은 내 계획에 없었지만, 나도 모르게 마음이 움직였다. 적어도 마지막으로 예를 갖추고 싶었다. 두 손을 모아 이마에 붙이고 무릎을 굽혀 바닥에 몸을 엎드렸다. 일어나서 한 번 더 절을 할 차례였다. 그런데 그때 바닥에서 뭔가가 몸을 잡아당기는 듯 움직일 수 없었다. 나는 엎드린 채로 토해내듯 울었다.

"왜(왜 그랬어요, 우리 엄마한테)……"

"왜(왜 그랬어요, 나한테)……"

"왜(대체 왜 그랬어요, 우리한테)……"

가슴을 움켜쥐고 설움 가득 '왜'만 부르짖었다. 가슴에 박혀 있던 가시를 컥컥 뱉어냈다. 아무도 나를 말리지 않았다. 누구도 나의 시간을 깨뜨리지 못했다. 다른 이들도 알고 있었을 것이다. 그것이 나에게 필요한 시간이었다는 것을. 쏟아낼 만큼 쏟아낸 뒤에야 나는 남편과 엄마의 부축을 받으며 일어섰다. 엄마는 함께 울먹이며, 그래 이젠 됐다, 이젠 됐어, 우리 다 잊자, 하셨다. 나도 그럴 참이었다. 마음에서 미움을 거둬내는 건 누구보다도 나를 위한 일임을 그때쯤 알아가고 있었다. 한 줌의 재가 되어가고 있는 할머니에게 마음으로 말을 건넸다.

'안녕히 가세요. 우리 다음에는, 다음 생이 있다면 조금

더 다정하게 만나요.'

절대로 울지 않겠다던 나는 할머니의 장례식장에서 가장 크고 서글프게 통곡하고 말았고, 누군가는 나의 눈물을 오해하기도 했다. 마음을 추스르며 쉬고 있을 때, 장례지도사가 와서 안쓰러운 눈빛을 보내며 말했다.

"생전에 할머니와 각별한 사이였나 봐요."

나는 아무 대답도 하지 않았다. 옆 호실에서 다른 장례를 치르던 어느 어르신은, 망자를 위해 곡을 해주면 망자가 저승 가는 길이 편안하다고, 내가 좋은 일을 했다며 할머니께 큰 선물이 되었을 거라고 했다. 선물. 며칠 동안 '선물'이라는 단어가 머리에서 떠나질 않았다.

할머니의 장례식을 치르던 3일. 나는 그 시간을 할머니와 내가 서로에게 주는 마지막 선물이라 여기기로 했다. 할머니의 음성으로 전하는 미안하다는 말은 듣지 못했지만, 다른 사람들을 통해서 내게 사과하신 거라고 믿고 싶었다. 내 통곡으로 할머니의 마지막 떠나는 길을 편안히 했다면 다행이라 여기며 지난 시간을 정리하기로 했다. 의미 부여는 남은 사람들의 몫이니까. 남은 우리는 오늘을 살아가야 하니까.

그토록 듣고 싶었던 말

할머니의 장례식을 마친 뒤 친정 식구들과 카페에 갔다. 나는 여느 때처럼 아버지와 가장 멀리 떨어진 곳에 자리를 잡고 앉았다. 나를 바라보는 아버지의 시선이 느껴졌지만, 핸드폰만 응시하며 시선을 외면했다. 잠시 뒤, 아버지가 더듬더듬 어눌한 말투로 나를 불렀다. 그즈음 아버지는 잃어버린 기억을 조금씩 되찾아가는 상태였다.

"얘……, 큰애야."

고개를 돌렸다. 아버지가 이리 오라고 손짓했다. 퉁명스러운 표정으로 아버지 앞으로 갔다. 아버지는 앞에 앉으라며 손으로 탁자를 툭툭 두드렸다. 의자에 앉았다. 시선은 탁자 위에 고정한 채였다. 고개를 들지 않은 까닭에 검버섯이 가득 핀 아버지의 손이 똑바로 보였다. 할 말이 있는 듯 보이는 아버지는 두 손을 어찌할 줄 몰라 하며 만지작거리고 있었다. 그러곤 이내 흐느끼는 울음소리가 들려왔다. 고개를 들어 아버지를 바라봤다. 아버지는 울고 있었다. 주름이 자글자글한 푸석한 손으로 눈물을 닦으며 말했다.

"큰애야, 내가 미안하다. 엄마랑 너한테 너무 큰 잘못을 저질렀어. 정말 미안하다. 죽기 전에…… 이 말을 꼭 하고 싶었다."

아버지는 노모를 떠나보내며 머지않아 다가올 당신의 죽음도 생각했을 것이다. 할머니를 화장할 때, 엎드려 설움 가득한 눈물을 토해내는 나를 보며 지난 시간을 되짚어보기도 했겠지. 아마도 내가 그랬던 것처럼.

예상하지 못했던 아버지의 눈물과 사과의 말에 나는 적이 당황했다. 멍한 얼굴 위로 눈물만 줄줄 흘렀다. 엄마 눈에도 한가득 눈물이 고여 있었다. 마음이 이상했다. 내가 아버지의 눈물을 본 적 있던가. 더욱이 나를 위한 눈물을.

처음 보는 늙은 아버지의 눈물과 진심 어린 사과는 수십 년간 움켜쥐고 있던 울분 덩어리를 한순간에 풀어지게 했다. 그런 게 있기라도 했냐는 듯 내 안에서 순식간에 빠져나갔다. 준비한 적 없던 말이 입 밖으로 새어 나왔다. 미움과 원망 가득했던 긴 시간이 무색할 정도로 단정하고 차분한 말이었다.

"사과해줘서 고마워요. 나도 이제 미움 없이 살고 싶어요. 아버지도 남은 시간 평안히 지내세요."

어쩌면 나는 기다리고 있었는지도 모르겠다. 어린 시절의 상처를 오랫동안 헤집으며 글로 쓰는 동안, 나도 모르는 사이에 용서와 이해를 준비하고 있었던 걸까.

* * *

오 남매의 장남인 아버지는 어린 시절 부유하게 살았다고 한다. 청소년기에 접어들어 할아버지가 도박으로 재산을 탕진하기 전까지는. 가세는 급격히 기울었고, 얼마 지나지 않아 할아버지가 중풍으로 쓰러졌다. 한번 시작된 불행은 줄줄이 이어졌다. 자전거를 타다 낭떠러지에서 떨어진 아버지는 다리를 크게 다쳤다. 다친 다리의 종아리 근육은 더디게 자랐다. 피로하거나 근육을 많이 사용하면 경련이 일고 저렸다. 그 이후 아버지는 오랜 세월 방황했다. 삶을 비관하며 밖으로만 돌았다. 가족들은 장남 역할을 온전히 하지 못하는 아버지를 원망하고 질책했다.

여기저기 떠돌아다니며 일하던 아버지는 아홉 살 어린 엄마를 만나 혼인 신고만 한 채 살림을 시작했다. 아무도 두 사람을 축복해주지 않았다. 가난하고 배움이 짧은 엄마와 아버지는 시작부터 삐거덕거렸다. 그러면서도 아버지는 젊은 시절 하지 못했던 효도와 장남 노릇을 뒤늦게 하고 싶어 했다. 어렵게 번 푼돈은 할머니에게로 흘러갔다. 엄마는 아버지와 생각이 달랐다. 안정적인 가정을 꾸리고 싶었다. 지독히도 가난했던 시절을 되풀이하고 싶지 않았다. 부지런히 벌고 아껴서 작은 집이라도 마련하려 애썼다. 어느 정도 기반을 다져놓은 뒤에 효도든 뭐든 할 수 있다고 생각했다. 둘의 의견은 번번이 어긋났고, 아버지는 무능력에 대한 자격지심을 술과 폭력으로 채우려 했다.

아버지가 지나온 시간을 더듬으며 아버지를 이해해보려고 애쓰던 중 다른 방향으로 뻗어가는 생각 하나를 붙잡았다. 엄마는 아버지가 술을 마시지 않으면 좋은 사람이라고 했지만, 내가 기억하는 아버지는 그렇지 않았다. 남에게는 좋은 사람이었을지 몰라도 나에게만큼은 나쁜 사람이었다. 아버지는 술을 마시지 않아도 폭력적인 언행을 자주 일삼았다. 기분에 따라 작은 일에도 크게 분노했고, 화를 참지 못해 욕설을 퍼붓거나 무언가를 던지고 부수었다. 그럴 때마다 막연히 아버지가 욱하는 성격이고 화가 많은 사람이라고 여겼다. 지금 생각해보면 아버지도 치료가 필요했을 것이다. 내가 정신과에 다니며 약을 먹고 상담을 받았던 것처럼, 아버지도 적절한 치료를 받았다면 조금은 나아지지 않았을까.

어쩌면 아버지도 환자였을지 모른다는 생각에 다다르자, 아버지의 인생이 잠시 측은하게 느껴지기도 했다. 건강하지 못한 몸과 무능력, 자신을 무시하는 듯한 아내, 혐오와 증오를 품고 있는 자식. 아버지가 느꼈을 외로움과 서글픔이 흐릿하게나마 보였다. 물론 내 안의 또 다른 목소리는 그럼에도 폭력은 정당화될 수 없다고, 아버지가 잘못한 일이 맞다고 선을 긋고 있었다.

* * *

아버지의 시간을 짚어보며 낯선 나를 느꼈다. 아버지를 절대 용서할 수 없다던 나였는데, 내게 생긴 변화가 새삼 신기하고도 머쓱했다. 문득, 지난겨울 친구 가은이가 했던 말이 떠올랐다. 졸업 후에도 꾸준히 만나는 대학 친구 네 명이 함께 여행을 가 각자 원하는 종류의 술을 앞에 두고 어린 시절부터 현재의 고민까지 진지한 이야기를 나누던 밤이었다. 그 자리에서 나는 글을 쓰며 비로소 엄마의 모든 것을 받아들일 수 있게 되었다고 고백했다. 엄마가 나를 사랑하면서도 상처를 줄 수밖에 없었던 여러 상황을 이젠 이해한다고. 가만히 내 이야기를 듣고 있던 가은이가 고개를 끄덕이며 말했다.

"그럼 이제 아버지의 상황에 대해서도 생각해볼 수 있겠구나."

나는 단호하게 대답했다.

"아니. 아버지에 대해서는 결코 그럴 수 없어. 그러고 싶지도 않아. 어떤 상황에서도 폭력은 용서받을 수 없는 일이야. 그 시간을 겪어보지 않은 사람들은 몰라. 내가 얼마나 힘들었는데……."

결국 친구들 앞에서 눈물을 보였다. 아버지를 절대 용서하지 않을 거라고, 평생 미워할 거라고 말하며 어린애처럼 울었다. 가은이는 깊고 잠잠한 표정으로 말을 이었다.

"그래, 수경아. 그렇게 해. 억지로 노력할 필요는 없어. 네 마음이 시키는 대로 하면 돼."

여행이 끝나고도 오랫동안 가은이가 한 말이 머리에서 떠나지 않았다. 아버지가 왜 그랬는지에 대해 생각해보라는 말은 나를 집요하게 따라다녔다. 싫다고, 여지없다고 혼잣말하면서도 내 무의식은 조용히 움직였다. 나는 이미 마음 한 귀퉁이에 아버지에게 내어줄 빈방 하나를 마련하고 있었던 걸까.

이제는 알 것 같다. 그때 가은이가 왜 그런 말을 했는지. 그 말이 어째서 내게 오래 머물러 있었는지. 가은이는 나도 알지 못했던 나의 변화를, 내 마음에 힘이 생기고 있다는 걸 알아차렸다. 퍼붓듯 쏟아내는 아팠던 시간을 지켜보며 내 안에 고인 슬픔, 설움, 분노, 원망 같은 감정들이 비워지고 있음을 보았을 것이다. 내가 엄마를 온전히 이해했듯이, 아버지에 대해서도 그럴 수 있을 거라고, 그런 때가

왔다고 느꼈던 것 같다. 가은이는 내가 한 발 더 나아갈 수 있도록 길을 안내해주었다.

아버지를 평생 증오하며 살 줄 알았다. 내가 받은 상처는 절대 아물지 않을 것 같았다. 그러나 내게 필요한 시간이 흐르며 알게 되었다. 미워해야 할 만큼 미워해야 용서도 할 수 있다는 걸. 울어야 할 만큼 울어야 웃을 수 있다는 걸. 글을 쓰며 마음을 정돈하지 않았다면, 가은이가 건넨 말도, 할머니의 죽음도, 아버지의 사과도, 내게 아무런 의미가 없었을 것이다.

누군가 지금 많이 미워하는 사람이 있다면, 그냥 미워하라고 말해주고 싶다. 도덕적·종교적 신념 때문에 감정을 억누르지 말고 마음껏 미워하라고. 무엇이든 자신 안에 들어 있는 명명할 수 없는 감정들을 마구 쏟아내라고. 그런 후에 찾아오는 개운함과 비워지고 채워지는 마음의 변화를 가만히 느껴보길 바란다. 그리고 그런 당신 앞에서, 나는 당신의 선택을 존중한다고 가만히 손잡아주고 싶다.

찾을 수 없는 기억

앨범을 꺼냈다. 내가 기억하지 못하는 영유아기의 낡은 사진부터 고등학생 때까지의 사진이 꽂혀 있는 앨범. 처음부터 하나하나 넘기다가 뒤집혀 있는 두 장의 사진을 발견했다. 굳이 확인해보지 않아도 어떤 사진인지 짐작이 갔다. 초등학교 저학년쯤 되어 보이는 내가 기찻길에서 아버지와 함께 찍은 사진이다.

첫 번째 사진 속 나는 수줍은 듯한 포즈로 아버지 품에 안겨 배시시 웃고 있다. 두려움이나 공포 어린 표정이 아닌 설렘이 느껴지는 표정으로. 다른 사진 한 장은 몸집이 꽤 자란 뒤 융건릉에서 아버지를 업고 활짝 웃고 있는 모습이다. 언제 그 사진을 뒤집어놨는지 기억나지 않지만, 사진을 뒤집던 오래전의 감정은 알 것 같았다. 쳐다보기도 싫었던, 불쾌하기만 하던 그 사진들을 잠잠히 들여다보는데 별안간 눈물이 났다. 그때의 내 마음이 읽혔다. 한 번도 느껴본 적 없는 감정이었다. 이 애, 아빠랑 잘 지내고 싶었구나. 사랑받고 싶었어.

사진 속에서처럼 아버지에게 잘 보이고 싶어서 애썼던 순간이 있다. 동네에 노래방이 처음 생겼을 때 거의 매주 노래방에 갔다. 식당과 슈퍼를 하던 부모님은 주말에는 평소보다 일찍 문 닫을 준비를 했다. 밤 열 시가 넘으면 식당에서 밥을 대 먹던 덤프트럭 기사들, 내가 삼촌이라 부르던 이들이 모두 가게로 왔다. 그러곤 다 같이 노래방으로 향했다. 어른들은 일주일의 고단함을 노래방에서 풀었다. 술 마시고 노래하고 춤추는 어른들을 보면, 마치 그날을 위해 고된 일주일을 힘겹게 버티는 듯했다. 우리 엄마만 빼고. 엄마는 음주가무에 전혀 흥미가 없어서 성의 없이 손뼉만 치며 아버지의 음주 상태를 체크했다.

마이크는 돌고 돌아 나에게도 왔다. 내가 부르던 노래

는 언제나 똑같았다. 〈아빠와 크레파스〉.

"어젯밤에 우리 아빠가 다정하신 모습으로 한 손에는 크레파스를 사 가지고 오셨어요~ 음음~"

수줍게 웃는 얼굴로 잠깐씩 아버지를 힐끔거리며 노래를 불렀던 기억으로 짐작하건대, 적어도 그때까지는 아버지를 무서워했지만 미워하지는 않았던 것 같다. 폭력의 공포 속에서도 작은 희망을 움켜쥐고 있었을 것이다. 그러다 나의 노력으론 아무것도 변화시킬 수 없다는 걸 알았을 때, 아버지를 증오하기 시작했다. 물론 한편으론 여전히 예쁘고 사랑스러운 아이가 되고 싶었다. 나를 봐서라도 아버지가 엄마를 때리지 않기를 기대했다. 내가 아버지에게 영향력을 끼칠 수 있는 소중한 존재이길 바랐다. 하지만 노력할수록 좌절만 반복되었다. 〈아빠와 크레파스〉를 부르고, 말썽부리지 않고, 손이 가지 않는 착한 아이로 자라도, 아버지는 전혀 바뀌지 않았다. 어린 나는 생각했다. 아버지가 나를 사랑하지 않아서, 나 따위는 안중에도 없어서 변하지 않는 거라고.

머리가 커지면서 마음의 방향을 틀었다. 더는 아버지에게 잘 보이려 애쓰지 않기로 했다. 나를 고통스럽게 했던 일만 더욱 상세하게 기억하기로, 미워하기로. 사랑받지 못할 바에야 차라리 미워하겠다고 다짐했다. 그게 적어도 그 시절의 나를 지키기 위한 방어 전략이었다. 얼마나 철저히 그 다짐을 지켰는지, 지금도 좋았던 기억은 찾으래야 찾을 수 없다. 좋았던 일이 없었던 건지, 있었는데 기억을 못 하는 건지 알 수 없지만, 여기까지가 아버지와 나 사이의 거리라는 걸 인정하기로 했다.

아버지를 머리로만 용서했을 뿐 여전히 내 안에서는 미워하고 싶은 마음이 남아 있을 수 있다. 어느 날 갑자기 또 아버지에게 미워하는 눈빛을 흘길 수도 있을 것이다. 그러나 그건 그때 가서 생각하기로 한다. 애써 좋은 기억을 찾을 필요도, 용서를 한다 안 한다 같은 이분법적 결론을 내릴 필요도 없다. 우선 상처가 앞으로의 내 삶을 얼마나 비옥하게 만들 것인지에만 집중하기로 한다.

오늘이 우리의 마지막 순간

나이를 먹으면 주름만 느는 게 아니다. 챙겨야 할 영양제와 건강검진 항목도 늘어난다. 국가에서 내 건강을 염려하여 일정 부분 무료로 실시해주고 있는 건강검진을 감사하게 생각하고 즉각 받아야 하는데 자꾸만 미루게 된다. 특히 산부인과 검진. 최대한 미룬 자궁암과 유방암 검진을 더는 미룰 수 없어서 12월 마지막 주에 산부인과에 방문했다. 낯선 의료 기계에 올라가 자연스레 밀려오는 민망함에 눈을 질끈 감고 소망했다. 의료 기술의 혁혁한 발달로 좀 더 인간 중심적인 획기적인 검진 방법이 생기길.

일주일 후 병원에서 문자가 왔다. 저녁 식사 준비 중이었다.

[○○여성병원입니다. HPV 검사 결과에서 고위험군 59번 바이러스가 발견되었습니다. 자궁암입니다. 내원 후 결과 상담 및 치료받으시길 바랍니다.]

들고 있던 국자를 내려놓고 다시 읽었다. 고위험군, 자궁암. 자궁암……. 내가 자궁암이라고? 얼굴로 순식간에 피가 쏠렸다. 바로 전날, 우리 올해도 건강하게 보내자고 가족들과 새해 인사를 나눈 게 무색해지는 순간이었다. 작은 일에도 호들갑 떨며 쉽게 울고 웃는 나였는데, 얼마나 당황했던지 오히려 침착했다. 약속이 있어 늦는 남편에게 아무런 연락도 하지 않았다. 평소처럼 아이와 저녁을 먹고 치웠다. 틈틈이 심장이 크게 두근거릴 때면 한 번씩 숨을 깊게 들이마시고 내쉬었다.

느지막이 귀가한 남편에게 자궁암 소식을 전하고 책을 펼쳤다. 남편과 아이와 눈 맞추기가 어딘지 모르게 어색하고 두려워 책에만 시선을 두었다. 그러나 30분이 넘도록 책장을 넘기지 못하고 같은 페이지만 반복해 읽고 있다는 걸 알았다. 책을 덮고 일찍 누웠다. 남편이 따라 들어와 옆에 누워 뭐라 뭐라 말했지만, 귀에 들어오지 않고 공중에 흩어져버렸다. 한번 눈물이 시작되면 걷잡을 수 없을 것 같아서 나가달라고 부탁했다.

자려고 애썼지만 잠이 올 리 없었다. 자궁암 몇 기인지 알 수 없지만 누구라도 최악을 생각했을 것이다. 내가 죽는다면…… 내가 죽는다면……. 펑펑 울고 세상을 원망하고 억울해할 줄 알았는데 의외로 담담했다. 찬찬히 생각을 정리했다.

남편은 자기 아버지가 돌아가셨을 때도 많이 울지 않고, 사람은 원래 죽는 거라고 대문자 T 같은 말을 늘어놓던 남자다. 당분간 슬퍼하겠지만 적당히 슬퍼하다 현실적인 문제들을 처리하며 나 없는 시간을 잘 살아갈 것이다. 엄마를 잃은 아들은 처음 겪는 상실에 힘들어하겠지만 엄마가 준 사랑을 기억하고 건강히 자랄 거라는 믿음이 있었다. 내가 얼마나 사랑했는지 분명 알고 있을 것이었다. 남편과 아들이 기억할 내 모습에도 후회가 없었다. 그들을 만나 충분히 행복했고 넘칠 만큼 사랑받았기에 매일 감격하고 웃으며 지냈으니까. 마지막 순간에 '미안해'가 아닌 '고맙다'고 말하며 편안히 눈 감을 수 있는 삶이어서 다행이었다.

다음 날, 알람이 울리기도 전 잠이 깼다. 핸드폰을 열어 전날 밤에 온 문자를 확인했다. 꿈이 아니었다. 아이 방으로 갔다. 만세를 부르며 자는 아이 손을 살포시 잡았다. 아직 아기 같은 작은 손, 따스하고 보드라운 살결이 마음을 툭 건드렸다. 입술을 깨물며 옷소매로 눈물을 찍어냈다.

* * *

조퇴 후 병원으로 향하는데 입이 바싹 마르고 속이 울렁거렸다. 울지 말자, 울지 마. 침을 꿀꺽 삼키며 의사를 마주했다. 의사가 결과지를 내밀며 말했다.

"59번 바이러스가 발견되었는데 이런 건 흔한 거라서 6개월 후에 재검하시면 돼요."

"그럼, 자궁암은요?"

"네? 자궁암이요?"

의사는 간호사를 불러 나에게 보낸 문자를 확인했다. 그러곤 정색하며 내가 민망할 정도로 간호사를 호되게 질타했다. '자궁경부 반응성 세포 변화'라고 보내야 할 문자를 '자궁암'으로 잘못 보낸 것이다. 드라마에서나 보던 해프닝 속 주인공이 된 나는 안도의 눈물을 찔끔 흘리며 병원을 나왔다. 남편에게 문자가 와 있었다.

[1588-3369. 분당서울대병원 암센터 번호야. 수술 필요하다고 하면 바로 예약하자. 아주대병원은 원스톱 패스트트랙 시스템이 있어서 처음 암 진단받는 사람들이 빠르게 진료 보고 수술받을 수 있대. 이럴수록 맘 단단히 먹고, 오히려 빨리 발견해서 미리 치료한다고 생각하자.]

남편이 옆에 있으면 감정을 주체할 수 없을 것 같아 혼자 병원에 갔었다. 그러는 사이 남편은 회사에서 여러 병원을 검색하며 현실적인 대응책을 준비하고 있었다. 찔끔 나오던 눈물이 줄줄 흘렀다. 호들갑 떨지 않고 차분히 머리로 공감해주는 남편에게 그 어느 때보다 고마웠다. 아파도 되겠다 싶을 정도로 든든했다.

병원 옆 카페에 들어가서 남편과 친구들에게 문자를 보냈다. 병원에서 잘못 보낸 문자였다는 걸 알렸다. 남편은 '이런 니미럴' 하고 욕했고, 친구들은 손해 배상 청구를 해야 하는 거 아니냐며 흥분했다. 간호사 욕을 하고 그 병원 어디냐며 전화해서 따지자고 난리였다. 그러나 나는 그저 감사할 뿐이었다. 의사도 간호사도 내게 미안하다는 말 한마디 없었지만 괜찮았다. 그런 말은 안 들어도 그만이었다. 암이 아니라는 사실만으로 충분했다.

운전하며 집으로 돌아가는데 세상이 달라 보였다. 막히는 도로 위에서 시간을 버리는 것도 감사했고, 난폭하게 끼어드는 자동차가 있어도 웃을 수 있었다. 집에 도착해 널브러져 있는 신발과 어수선한 거실을 보고도 행복했다. 일기장을 꺼내 적었다.

[감사로 시작한 새해. 마음 졸이고 걱정했던 시간조차 선물처럼 느껴진다. 더 많이 사랑하고 감사하며 살자.]

잘못 온 문자를 통해 잠시 죽음을 그려보며 알게 되었다. 내가 후회 없이 매일을 살고 있다는 것을. 과거의 상처는 분명 결핍된 삶을 살게 했지만, 그 결핍이 지금의 나를 풍요롭게 채워주고 있었다. 지금의 내가 존재할 수 있는 건 상처 '때문'이 아니라 상처 '덕분'이었다. 아버지와 반대되는 남자를 찾다가 지금의 남편을 만날 수 있었고, 상처 준 부모를 반면교사 삼아 내 아이에게 상처 주지 않으려 노력할 수 있었다. 미안한 일이 생기면 미루지 않고 주저 없이 사과했다. 불안한 하루하루를 살다 보니 아무 일 없는 평범한 하루도 그저 감사하기만 했다. 가장 아껴야 할 가족이기에 화내지 않고 인상 쓰지 않았다. 사랑하는 마음을 아낌없이 말로, 몸으로 표현했다. 인생은 만들어진 드라마가 아니라서 말로 하지 않으면, 보여주지 않으면 모르니까.

남편과 아이에게 화내지 않는 나를 보며 지인들은 묻는다. 어떻게 그럴 수 있냐고. 재수 없다고 생각할까 봐 좀 멋쩍어하며 대답한다.

"오늘이 우리의 마지막 순간일 수도 있잖아."

마지막 순간에 '미안해'가 아닌 '고마워'라고 말하기 위해 오늘도 웃는다. 이따금 마음에 이는 짜증과 불만을 '오늘이 우리의 마지막 순간'이라는 만병통치의 말로 가라앉힌다. 소중한 이와의 마지막 순간에 화내고 상처 주고 싶은 사람은 아무도 없을 테니까.

안녕히 보내주기

내 이야기를 글로 쓰기 시작하며 엄마와 자주 통화했다. 한 편의 글이 나올 때마다 꼭 한 번씩은 엄마에게 전화해서 내가 기억하는 게 맞는지 확인하는 과정을 거쳤다. 하나의 사건에 대해 느끼는 생각과 감정은 다를지라도 거의 모든 기억이 엄마와 일치했다. 엄마는 어떤 기억은 생각이 나지 않는지 한참 뜸을 들이곤 했는데, 내가 그때의 상황을 설명하면, 아 맞다, 그랬지, 하며 기억을 되살렸다. 서로의 기억과 감정을 꺼내 울고 웃다 보면 한 시간이 훌쩍 지나갔다. 통화를 마무리할 때쯤 엄마는 어김없이 이야기했다. 이제 그만 잊으라고. 좋은 기억도 아닌데 왜 붙들고 사냐고.

"엄마, 나도 잊고 싶은데 잊으려 하면 더 생생히 머리에 새겨지는 것 같아. 그래서 잊는 대신 보내주기로 했어. 기억을 꺼내서 글로 쓰면 그때의 시간이 정리되는 것 같아. 마음이 맑아져. 개운하고 후련해. 잘 살고 싶어서, 나를 위해서 하는 일이니까 걱정하지 말아."

글을 쓰느라 처음 전화했을 때 엄마는 많이 걱정했다. 좋은 기억 하나 없는 과거를 묻는 딸이 혹여나 다시 아픈 건 아닌지, 또 병원에 다니며 약을 먹고 있는 건지 불안해했다. 그러다 어느 순간 엄마가 내 전화를 기다리고 있다는 걸 알게 되었다. 엄마에게 전화하면 생기 가득 들뜬 목소리로 "딸, 뭐가 또 궁금해서 전화했어?"라며 대답할 준비를 한다. 어쩌면 엄마도 나와 통화하며 내색하지 않았던 과거의 상처를 보내주고 있었는지 모르겠다.

어느 날인가는 통화 중에 엄마가 불쑥 미안하다고 했다. 낯간지러운 말은 도통 하지 못하는 엄마인데 목소리에 울음까지 섞여 있었다. 둘 다 감정을 추스르느라 잠시 정적이 흘렀다. 이젠 미안하다는 말을 듣지 않아도 될 만큼 단단해졌음에도 내게 필요했던 말인 것처럼 내 안으로 깊이 흡수되었다. 나도 엄마에게 미뤄두었던 사과를 해야 했다. 내가 엄마에게 저지른 2차 가해를 용서받고 싶었다. 가정 폭력 피해자라 생각했던 내가 가해자이기도 했다는 걸 우연한 기회에 알게 되었기 때문이다.

해마다 직장에서 실시하는 '가정 폭력 예방 교육' 동영상을 보던 중이었다. 가정 폭력 피해 여성이 나와서 강연을 하고 있었다. 그녀는 말했다. 사람들이 자신에게 했던 질문 중에서 가장 슬프고 고통스러웠던 것은, 왜 남편을 떠나지 않았냐는 질문이었다고. 그 질문 안에는 '떠나지 않은 여자의 잘못'이라는 의미가 담겨 있으니까. 가슴이 철렁 내려앉았다. 그 질문은 내가 엄마에게 했던 질문과 꼭 닮아 있었다.

"왜 맞고 살았어? 아빠가 돈벌이를 제대로 한 것도 아니었잖아."

"왜 아빠를 떠나지 않았어? 우리한테 아빠가 필요해서? 난 아빠가 필요한 적이 단 한 번도 없었어. 아빠 없이 자랐다면 더 건강했을 거야."

나는 오랫동안 의문을 품었다. 왜 엄마는 아버지랑 이

혼하지 않았던 걸까. 살이 찢기도록 맞을 바에야 어디라도 도망가서 사는 게 더 낫지 않았을까. 속으로만 하던 생각을 머리가 크면서 엄마에게 직접 물은 적이 있다. 엄마가 내게 준 대답은, 자식을 아버지 없는 애들로 키울 수 없다는 말이었다. 부모의 부재는 사회에 나가 무시당하기 좋은 조건이고, 결혼할 때도 약점으로 작용한다고. 나는 도무지 이해되지 않았다. 술주정뱅이에 난폭한 아버지는 내 인생의 최대 약점이었다. 물론 아버지와 이혼하는 게 쉽지 않았을 거란 걸 알지만 벗어나려는 시도조차 하지 않은 엄마가 답답하게만 느껴졌었다.

강연자의 말이 이어졌다. 나는 종전보다 더 큰 충격에 휩싸여 모니터 앞에서 눈물만 줄줄 흘려야 했다. 강연자는 가정 폭력 살해의 70퍼센트 이상이 피해자가 가해자와 관계를 끝냈을 때 일어난다고 말했다. 심장이 멎는 듯했다. 오래전 아버지가 칼을 들고 밤새 엄마를 찾아 헤맸던 날이 대번에 떠올랐다. 마우스 위에서 떨리는 오른손을 왼손으로 겨우 지지하며 영상을 앞으로 되돌렸다. 다시 보고 또 다시 보았다. 가슴이 죄어왔다. 미처 짐작해보지 못한 엄마의 마음을 맞닥뜨리는 고통은 쉽게 가시지 않았다.

가정 폭력의 마지막 단계는 죽음이었다. 폭력 남편에게서 벗어나는 대가가 죽음이라는 것을 아내들은 본능적으로 알고 있었다. 나의 엄마도 그랬겠지. 그래서 엄마는 오래전 집 안에서 문을 걸어 잠갔고, 아버지를 떠나지 못했다는 것을 너무 늦게 알아버렸다. 도대체 내가 무슨 짓을 한 거지. 다른 사람도 아닌 내가 엄마에게 2차 가해를 저질렀다니. 아무것도 할 수 없어 며칠을 정신 나간 상태로 지냈다.

엄마는 딸이 던지는 날카로운 화살촉 같은 말을 가슴에 꽂고 사느라 얼마나 아프고 서러웠을까. 초라하고 수치스러운 감정을 어떻게 삼켰을까. 엄마를 향해 원망의 말을 쏟아냈던 내가 끔찍했다. 남편을 떠나고 싶었지만 두려워서, 무서워서, 살고 싶어서 떠나지 못했음을 나는 왜 이제야 알았을까. 하루라도 빨리 미안하다고 말해야 했는데 그러지 못했다. 무슨 말을 꺼내야 할지, 어떻게 사과해야 할지, 내가 엄마에게 낸 상처의 깊이가 가늠조차 되지 않아 핸드폰 화면만 바라봤다. 엄마 전화번호를 눌러야 하는데 손가락이 움직이지 않았다.

***

그간 서로의 마음을 꺼내며 깊이 들여다본 덕에 이제는 입이 떼어졌다. 미안하다는 엄마의 사과에 이어 나도 묵혀두었던 마음을 꺼내 엄마에게 전했다.

"엄마, 미안해. 그때 많이 무서웠겠다. 그걸 어떻게 견뎠어. 난 그것도 모르고……. 너무 미안해."

나의 이야기이면서 엄마의 이야기이기도 한 이 책을 쓰면서 우리는 서로를 투명하게 바라볼 수 있었다. 같은 공간과 시간 속에서 각자 다르게 새겨진 상처의 밑바닥까지 들여다보았다. 오래전에는 보지 못했던 서로의 상처와 아픔을 온전히 느끼며 서운함 따위는 지우게 되었다. 그러자고 약속한 것도 아닌데 우리는 앞으로의 시간만 생각하기로 마음먹은 것 같았다. 말하지 않아도 알고 있었던 마음들을 구태여 소리 내어 서로의 가슴속에 넣어주는 일에 최선을 다했다. 순간의 감정을 놓칠세라 지체 없이 말하고 또 말했다. 미안하다, 고맙다, 이런 흔한 말들을. 또다시 힘든 날이 오더라도 그렇게 넣어둔 마음을 붙들고 무사히 견뎌낼 수 있도록.

평생 끌어안고 살 줄 알았던 기억, 아픔, 상처 그리고 미움, 분노, 억울함 같은 것들은 모른 척하면 할수록 더욱 강한 힘을 내었다. 나는 그것들이 나를 공격하며 삶을 위협한다고 여겨서 어떻게든 나에게서 떼어버리고 싶었지만 그럴수록 더욱 끈덕지게 달라붙었다. 아는 체할 수밖에 없었다. 결국 하나하나 들여다보며 토닥여주고 나서야 오래된 상처가 떠나갔다. 종이 위에 꺼내놓지 않았다면 몰랐을 마음이었다. 글을 쓰는 과정은 상처에 달아줄 날개를 마련하는 일이었다. 오래된 상처에 고운 날개를 달아주며 이제 그만 가도 된다고 보내주는 일. 비로소 나와 엄마는 아팠던 시간을 안녕히 보내주었다.

에필로그

운디드 힐러

얼마 전 동생에게 연락이 왔다. 우리 네 자매는 주로 단체 대화방을 통해 대화하기 때문에 개인적으로 연락하지 않는데, 동생에게 의미심장한 내용의 문자가 와서 얼마나 놀랐는지 몰랐다.

[언니, 예전에 마음이 아팠을 때 다녔던 병원이 혹시 수원에 있어?]

철렁 내려앉은 가슴을 도닥이며 무슨 일이냐고, 힘든 일 있냐고 물었다. 동생은 후배가 정신과에 다니고 있는데, 병원이 맞지 않아 고민하는 모습을 보고 도움을 주고

자 내게 연락했다고 했다. 그러면서 간략하게 후배 선주의 이야기를 들려주었다.

선주는 나처럼 동생이 셋이나 있는 장녀였다. 선주네 집은 우리 집과 달리 부모님 사이는 좋았지만, 다른 형태의 폭력이 존재했다. 내가 가정 폭력의 간접 피해자였다면, 선주는 직접적인 피해자였다. 선주가 성인이 되어서도 아버지의 폭력은 이어졌다. 아버지는 유독 선주만 때렸다. 첫째가 역할을 제대로 하지 않기 때문이라는 이상한 논리였다. 엄마를 비롯한 동생들은 방관하며 오히려 아버지의 폭력을 선주 탓으로 돌렸다. 견딜 수 없던 선주는 집을 나왔고 정신과에 다니며 위태롭게 홀로 버티고 있었다.

가만히 있을 수 없었다. 뭐라도 해야 했다. 내가 해결책을 제시해주지는 못하지만, 나도 폭력의 그늘에서 너처럼 힘들었다고 말해줄 수는 있었다. 내 경험담을 선주에게 들려주라고 동생에게 말했다. 선주가 괜찮다면 맛있는 밥 한 끼 사주고 싶다는 말도 덧붙였다. 잠시 후 동생에게 연락이 왔다. 선주는 나를 만나고 싶어 했다. 며칠 뒤, 동생과 선주와 나는 함께 만났다.

***

스물여섯의 선주는 눈부시게 예뻤다. 입을 가리고 수줍게 웃으며 자신을 위해 시간을 내주어 고맙다고 정중히 인사했다. 몸에 밴 예의와 배려가 지나쳐서 안쓰러울 정도였다. 자신이 얼마나 예쁜지도 모르고 잔뜩 주눅 들어 있는 모습이 애처롭기만 했다. 아픈 이야기를 할 때도 선주는 한결같이 웃고 있었다. 그게 더 나를 아프게 했다. 울어야 할 때 울지 못하는 사람들의 지친 마음이 느껴져 안타까웠다. 저 아이는 도대체 어떤 시간을 건너고 있기에 눈물조차 흘릴 수 없는 걸까. 얼마나 지쳤으면 버킷리스트의 마지막 목록이 '서른에 자살하기'일까. 결국 내가 먼저 눈물을 보이고 말았다. 선주는 나에게 자신의 우울감이 전해질까 봐 걱정하며 미안하다는 말을 반복했다. 나는 오히려 고맙다고 말했다. 나에게 살고 싶다는 신호를 보내줘서 고맙고 다행이라고.

나는 알고 있다. 죽고 싶어 하는 사람들이 진짜 속마음으로는 '살고 싶다'고 외치고 있다는 걸. 그렇게 말하며 살려달라고 도움을 청하고 있다는 걸. 나도 한때 그랬으니까. 선주에게 내가 겪었던 일들과 그때의 어찌할 줄 몰라 했던 마음들을 하나씩 들려주었다. 자라는 내내 틈틈이 죽고 싶었고, 몇 차례 어설프게 죽음을 시도했던 이야기. 아버지를 죽일 작정으로 칼을 들었지만 끔찍하게 무섭고 두려웠던 순간들에 대해서. 동생조차 처음 듣는 이야기를 동생 후배 앞에서 꺼냈다. 선주는 마치 내가 자신의 마음을 들여다보는 것 같다며 깊이 공감했다.

나는 선주에게 희망이 되어주고 싶었다. 지옥 같았던 시간을 지나오니 지금은 도리어 일찍 죽을까 봐 걱정하며 산다고, 분명히 너도 그럴 거라고 다독였다. 누구보다도 내가 너의 마음을 잘 아니까 밥 잘 챙겨 먹고, 열심히 치료받으면서 자신을 조금만 더 아껴주길 바란다고 마음을 담아 이야기했다.

* * *

선주를 만나고 돌아오던 길, 13년 전에 정신과 치료를 받으며 힘들게 버텨왔던 시간을 떠올렸다. 그때 우리 엄마는 선주의 가족들처럼 내가 정신과에 다니는 걸 창피해했다.

꼭 병원에 가야 하냐고, 마음이 나약해서 그런 거니까 강하게 마음먹고 병원에는 가지 않으면 좋겠다고, 그래도 가야 한다면 사람들에게 알리지 말라고. 엄마가 그럴수록 더욱 알리고 싶은 충동을 느꼈다. 나는 청개구리처럼 아무도 듣고 싶어 하지 않았을 내 소식을 구태여 여기저기 떠들고 다녔다. SNS에 버젓이 병원 상담 내용을 올리며 엄마 속을 뒤집어놨다.

내 투병 소식을 듣고 안타까워하던 사람들은 내게 전화하고 만나서 위로하다가 어느덧 자신의 이야기를 털어놓으며 울었다. 병원을 소개해달라거나 내 고백 덕분에 용기 내어 상담받았다는 이들도 있었다. 힘든 일이 있을 때 나를 떠올려주는 사람이 있다는 사실, 버리고 싶었던 시간이 누군가에게 도리어 쓸모 있게 여겨진다는 사실은 내 치료에도 도움이 되었다.

꼭 그때처럼 나는 지금도 어설픈 상담사 행세를 하고 다닌다. 특별한 상담 기술이 있거나, 마땅한 해결책을 제공하지도 않는데, 사람들은 내게 고맙다고, 마음이 한결 편안해졌다고 말한다. 내가 하는 일이라고는 들어주기, 공감하기, 내 경험 들려주기가 전부인데 말이다.

스위스의 심리학자이자 정신과 의사인 칼 융은 "모든 치유자는 상처 입은 사람이다"라고 말했다. 실제로 사회복지사, 상담사, 심리치료사 등 공감이 필요한 일을 하는 사람 중에는 자신도 비슷한 문제를 가지고 있던 경우가 많다고 한다. 아파봤기에 다른 이들의 결핍과 아픔도 잘 보이고 진정으로 공감할 수 있는 것이다. 운디드 힐러(wounded healer). 지인들에게 나는 상처 입은 치유자였다. 저마다 지닌 상처의 모양과 크기는 다르지만, 누군가 자신처럼 아파하고 있다는 연결 의식만으로도 그들의 고통은 크게 경감되는 듯 보였다.

과거의 일을 쓰면서 갑작스레 용기가 바닥나는 느낌이 들 때가 있었다. 지질하고 궁상맞은 사적인 이야기……. 내 상처가 남들에게는 아무것도 아닐 수 있을 텐데. 쓰는 걸 주저하고 있던 어느 날, SNS로 메시지 하나가 도착했다. 책을 여러 권 출간한 그는 글쓰기 플랫폼에 올라간 내 글을 읽으며 내내 울었다고 했다. 자신의 어린 시절이 떠올랐던 것이다. 그가 보낸 긴 메시지를 통해 우리가 비슷한 환경에서 자랐다는 걸 알 수 있었다. 그는 말했다. 어느 하늘 아래에 같은 상처를 지닌 사람이 있고, 그 상처를 치유하기 위해 애쓰고 있다는 걸 알게 되면 오늘을 열심히 살게 된다고. 자신에게 내 글이 무사히 와닿았으니, 다른 사람들에게도 그럴 거라고. 나의 상처와 고백이 누군가에게 가닿는 건 스러져 가는 용기를 다시 북돋는 일이었다.

* * *

글을 쓰다 문득 선주의 소식이 궁금했다. 동생에게 물어보니, 우리의 만남 이후 마음이 한결 나아졌다고 했다는 답이 돌아왔다. 감사한 일이었다. 그 이후로도 나는 동생을 만날 때마다 선주에게 안부를 전해달라고 말한다. 누군가 보이지 않게 자신을 위해 마음 쓰고 있다는 걸 느끼게 해주고 싶었다. 어느 때인가는 선주가 읽으면 좋을 만한 책을 건네기도 했다. 비슷한 상처를 담은 이야기를 통해 위로받기를, 선주에게 좀 더 세상을 살아보고 싶은 마음이 생기길, 마지막 버킷리스트가 수정되기를 기도하는 마음이었다.

만약 지금 자신의 잘못이 아닌 일로 아파하고 힘들어하고 있다면 힘든 기억을 끌어안는 대신 나와 분리해야 할

노릇이다. 내 힘으로 어찌할 수 없었던 지난 시간에 대한 죄책감과 무력감에서 벗어나야 한다. 우리 잘못이 아닌 일로 얻은 상처라면 숨기지 말고 주변에 알리는 편이 더 낫다. 그러기 위해서는 반드시 누군가의 이해와 도움이 필요하다. 여유가 된다면 용기 내어 병원이나 상담센터를 찾아가 상담받기를 바란다. 사설 상담센터가 아니어도 지역별 정신건강복지센터를 통해 저렴한 비용으로 도움을 받을 수 있다. 글쓰기나 독서 모임도 하나의 방법이 될 수 있다. 나를 잘 모르는 사람들 앞에서 오히려 내 이야기가 편하게 나올 때도 있으니까. 자신의 이야기를 풀어놓고 누구에게라도 위로받길 바란다. 주변을 둘러보며 내 말을 들어줄 단 한 사람을 찾아내기를 바란다.

그러나 아무리 찾아봐도 도저히 누구도 보이지 않는다면, 내가 당신에게 그 한 사람이 되어주고 싶다. 당신에게 나의 작은 손이라도 내밀고 싶다. 내 이야기를 들어준 당신을 향해 귀를 기울이고, 나도 당신의 이야기를 들어주고 싶다.